时 习 文 库

大学 中庸

幺峻洲 译注

齐鲁书社
·济南·

图书在版编目（CIP）数据

大学　中庸 / 幺峻洲译注. -- 济南 : 齐鲁书社,
2025.5. -- ISBN 978-7-5333-5117-5

Ⅰ. B222.1

中国国家版本馆CIP数据核字第2025AZ4536号

出品人：王　路
项目统筹：张　丽
责任编辑：裴继祥
装帧设计：亓旭欣

大学　中庸
DAXUE ZHONGYONG

幺峻洲　译注

主管单位	山东出版传媒股份有限公司
出版发行	齐鲁书社
社　　址	济南市市中区舜耕路517号
邮　　编	250003
网　　址	www.qlss.cn
电子邮箱	qilupress@126.com
营销中心	（0531）82098521　82098519　82098517
印　　刷	山东临沂新华印刷物流集团有限责任公司
开　　本	710mm×1000mm　1/16
印　　张	14
插　　页	2
字　　数	153千
版　　次	2025年5月第1版
印　　次	2025年5月第1次印刷
标准书号	ISBN 978-7-5333-5117-5
定　　价	56.00元

《时习文库》
专家委员会

出版说明

　　文化乃国本所系，国运所依；文化兴盛则国家昌盛，民族强大。在源远流长的中华文化长河中，经典古籍宛如熠熠星辰，承载着先辈们的智慧、思想与情感，是中华民族精神内核的深厚积淀。

　　2017 年以来，中共中央办公厅、国务院办公厅相继出台《关于实施中华优秀传统文化传承发展工程的意见》及《关于推进新时代古籍工作的意见》等重要文件，有力推动了大众对中华优秀传统文化的关注与重视，古籍事业亦借此良好契机，迎来了前所未有的跨越发展，步入了一个崭新的黄金时代。齐鲁书社作为文化传承的重要阵地，始终秉持对中华优秀传统文化的敬畏之心，肩负守正创新之使命，积建社四十余年之精华，汇国内学界群贤之伟力，隆重推出中华经典名著普及丛书——《时习文库》。

　　"学而时习之，不亦说乎?"文库之名，正是源自《论语》的这句经典语录。"时习"不仅是对知识的反复学习与实践，更是一种对中华优秀传统文化持续探索、深入理解的态度。文库共分为文化类和文学类两大辑，囊括了经史子集、诗词歌赋、戏曲小说等诸多经典，旨在为读者搭建一座通往中国古代文化瑰宝的坚实桥梁。文库的编纂宗旨在于，引导读者在阅读经典著作的过程中，将学习与思考深度融合，不断从古人的智慧海洋中汲取营养，从而得到心灵的润泽与智慧的启迪。通过对经史子集、诗词歌赋、戏曲小说等多元内容的系统整理与精良审校，让中华古籍真正成为可亲、可读、可传的"活的文化"。

为了确保文库的品质，我们除升级广受好评的原有经典版本作为开发基础外，亦精选其他优质底本，以确保版本选择的卓越性；文库会聚文史学界权威，如高亨、陆侃如、王仲荦、来新夏等学界大家，群贤毕至，各方咸集；文库延聘名家成立专家委员会，严格把控丛书质量，确保学术水准；文库针对不同层次读者，精心设计文化类与文学类品种：前者左原文右译文下注释，后者文中加简注评析，实用性强；文库采用纸面布脊精装，正文小四号字，双色印刷，装帧精美，版面舒朗，典雅大方，方便易读。

在习近平文化思想指导下，《时习文库》的出版是对中华优秀传统文化"两创""两个结合"的一次重要尝试。我们希望通过这套文库，让更多的人了解和喜爱中国古代典籍，让中华优秀传统文化在新时代焕发出新的生机与活力。同时，我们也期待广大读者在阅读文库的过程中，能够与古圣先贤进行跨越时空的对话，汲取智慧，启迪心灵，不断提升自我的文化素养和精神境界。让我们一起在经典的海洋中遨游，感受中华文化的博大精深，共同书写中华优秀传统文化传承与发展的新篇章。

齐鲁书社
2025 年 3 月

前　言

　　《大学》与《中庸》均出自《礼记》一书，所以我们在学习之前，有必要对《礼记》有所了解。

　　《礼记》在儒家经典中比较晚出。它的出现，众说纷纭，始终没有定论，主要有下面几种说法：

　　一种说法是：秦始皇焚书坑儒，儒家受到几近毁灭性的打击，其经典几乎荡然无存。这里需要说明的是，所谓儒家经典《诗》《书》《礼》等，实际是中华民族自上古传下来的经典，不是儒家一家的，但孔子第一个认识到它们是中华文化的根源和血脉，所以对它们进行了开创性的研究，并以它们为教材传授给弟子。这样，中华文化才有了中心，形成传统，得以代代传下来。但是，孔子的努力，在当时并没有受到世人的重视，直到西汉建立之后，这些经典才开始重新被搜集、整理、恢复起来。据《史记·儒林列传》和《汉书·艺文志》的记载，汉初有个叫高堂生的人，传授《礼经》；到汉宣帝时，有个叫后仓的儒者，对高堂生的学问学得最好，也开始收徒讲学。后仓有两个学生最有名：一个叫戴德，一个叫戴圣，两人的关系是堂叔侄，人们称叔叔为大戴，侄子为小戴。戴德传《礼记》85 篇，称为《大戴礼记》；戴圣传《礼记》49 篇，称为《小戴礼记》，而《小戴礼记》就是我们今天所说的《礼记》。

另一种说法是："武帝末，鲁共王坏孔子宅，欲以广其宫，而得《古文尚书》及《礼记》、《论语》、《孝经》凡数十篇，皆古字也。"（《汉书·艺文志》）据此说，《礼记》是鲁恭王坏孔子宅所得，不是戴圣所传。这一说法得到了东汉大儒王充、许慎的认同。

还有一种说法出自《汉书·河间献王传》。该传说："（汉景帝的儿子河间献王）修学好古，实事求是。从民得善书，必为好写与之，留其真，加金帛赐以招之。繇是四方道术之人不远千里，或有先祖旧书，多奉以奏献王者，故得书多。……献王所得书皆古文先秦旧书，《周官》、《尚书》、《礼》、《礼记》、《孟子》、《老子》之属，皆经传说记，七十子之徒所论。"这就是说，《礼记》是河间献王花大价钱从民间收集来的。

上述三种说法，比较而言，似乎以第一种说法更为实际一些。

《礼记》有两个鲜明的特点：一是包容量极大——它几乎涉及了上古三代至秦汉文化的一切领域，可以称得上是一部古代文化的百科全书；二是思想极为深刻——它对很多重大的哲学问题，尤其是关于人与文化的问题，有着极为深刻精湛的论述，因而它可以说是古代一部优秀的哲学著作。由此可见，《礼记》的内容博大精深。

《礼记》中所说的"礼"，不仅包括今天我们所说的各种礼节，也包括了人类社会的一切文化现象和各种规则，以及作为各种文化现象和规则根基的最基本的原则。而《大学》和《中庸》则是全书49篇中思想最为深刻的两篇，所以到了南宋，它们被朱熹选入"四书"而独立成书了。

《大学》《中庸》都很难读。朱熹和弟子们对二书进行了深入细致的讨论，讨论的成果后来都收入《朱子语类》和《四书或问》等书中。

在写《大学说解》和《中庸说解》的过程中，我参考了许多先哲和时贤的著作，主要有：

朱熹：《四书章句集注》，中华书局 1983 年版

黎靖德编：《朱子语类》，中华书局 1986 年版

王懋竑：《朱熹年谱》，中华书局 1998 年版

王文锦译解：《礼记译解》，中华书局 2001 年版

牟宗三：《中国哲学的特质》，上海古籍出版社 1997 年版

牟宗三：《中国哲学十九讲》，上海古籍出版社 1997 年版

牟宗三：《心体与性体》，上海古籍出版社 1999 年版

岑溢成：《大学义理疏解》，台湾鹅湖出版社 1983 年版

南怀瑾：《原本大学微言》，世界知识出版社 1998 年版

杨祖汉：《中庸义理疏解》，台湾鹅湖出版社 1983 年版

吴树平、赖长扬主编：《白话四书五经》，国际文化出版公司 1992 年版

这里，谨向列位先哲和时贤表示诚挚的谢意。我的译注和说解一定会有错误和不当之处，还请专家和读者指正。

在长期的写作过程中，我始终得到好友罗义俊先生和齐鲁书社的支持与鼓励；好友金大为教授对拙作进行了审阅和校对，使我能放心地把原稿寄出去。在这里，我要向罗义俊先生、金大为教授和齐鲁书社的编辑表示衷心的感谢！

最后，我还要向所有关心我的朋友致敬！向读者致敬！向持不同意见的专家和学者致敬！

幺峻洲

2006 年 5 月

目 录

CONTENTS

中　庸

大 学

引 子

　　《大学》原是《礼记》的第四十二篇。那么，它的作者是谁？又是谁把它从《礼记》中抽了出来的？抽出来之后对原本有没有改动？……所有这些问题，现在一并简单介绍如下。

一、《大学》是怎样独立成书的

　　关于这个问题，有多种说法：一种说法是《大学》在汉、唐时已经单行；一种说法是韩愈在《原道》中曾引用《大学》中的文句，所以认为《大学》在韩愈时已单行；一种说法是宋仁宗曾以《大学》赐及第进士，所以《大学》的单行应在宋仁宗时；还有一种说法是宋朝司马光曾著《大学广义》，这是对《大学》专篇的注解，所以有人推定《大学》单行是从司马光开始的。但据考察，《礼记》中有十几篇在宋代或以前就有注解，不能据此认为这些篇当时就独立成书了。

　　合理的推测是，《大学》能独立成书，首先要被人认为有独立成书的价值，特别是要得到专家的认可。在宋朝，《大学》首先得到了当时两位儒学大师程颢、程颐的大力表彰。他们认定《大学》是"孔氏之遗书"，推许为"初学入德之门"。因此，《大学》受到当世儒者的普遍重视，给它后来的单行，奠定了稳固的基础。

　　作为程氏弟子的朱熹，研究儒家的经典用心至为细密。他为《大学》《中庸》《论语》《孟子》分章析句，为《大学》《中庸》

作注，为《论语》《孟子》编著"集注"。宋孝宗淳熙十六年（1189），朱熹为《大学章句》《中庸章句》写了序言。他说："二书定著已久，犹时加审改不辍，至是，以稳洽于心而始序之。"第二年，即宋光宗绍熙元年（1190），朱熹到漳州任官，用公费刊刻《大学》《论语》《孟子》《中庸》，称为"四子书"。由此可知，《大学》完全脱离《礼记》而成为独立文献，应当从这时开始。"四子书"出现之后，《大学》《中庸》的原书出处，反渐渐为人所忽略。

二、《大学》的作者是谁

《礼记》一书，是合并许多人的著作编成的，就今日流通的本子来看，没有任何一篇是标明作者的，《大学》一篇也不例外。

有人主张《大学》是子思（孔子的孙子孔伋）所作，但并未举出确凿可信的证据。较多人信服的说法则与朱子的《大学章句》（即朱熹的《大学》改本）相关联。朱子撰述《大学章句》，把原本的结构改为经一章传十章。所谓"经"，就是圣人孔子之言，是人应该遵从的大经常法；所谓"传"，是指注释或阐述经义的文字。朱熹认为："右经一章，盖孔子之言，而曾子述之；其传十章，则曾子之意，而门人记之也。"朱子这段话，完全是从《大学》文本出发，根据他的师传和毕生研究孔子学说的经验作出自己的论断：首先，他认为《大学》的基本思想出自孔子，"经"中的话都是孔子说的。因为经文文辞简明浅近而义理深远周严，只有孔子这样的圣人才说得出来。其次，孔子的弟子曾参传述孔子这方面的思想，并加以发挥，于是形成《大学》传文的内容。最后，曾子的弟子把曾子的传述书为文字就编成了我们见到的《大学》。

仔细一想，朱熹的论断也很主观。因为《大学》多引用曾子之言，而门人记之，就认为《大学》是曾子所作，其理由是不充分的。我们不能因为一篇没有作者的文章里，引用谁的话多，就认为是该人所作。其次，朱熹认为传文的思想内容与孟子（据说是曾子学生子思的再传弟子）、《中庸》的思想相合，所以顺势断定《大学》出自曾子之手，理由并不充分。这里含有朱熹的主观成分。《孟子》一书中，很少看到《大学》的影响，但曾子的"吾日三省吾身"和曾子对孔子之道的理解，却深深地影响着孟子。

朱熹的理由虽然不充分，但仍然坚持自己的说法：认为《大学》的经文是孔子讲的；传文是曾子向弟子们讲解经文由弟子们记下来的。人们相信朱子的说法的主要原因是认为在孔孟之间，曾子是不可缺少的承前启后者。颜渊早死，是曾子忠实地继承了孔子的学说和精神。且不说他对孔子的"吾道一以贯之"的理解超出各弟子（见《论语·里仁》第十五章），他的反求诸己的守约慎独的修养功夫（"吾日三省吾身"，《论语·学而》第四章）和"仁以为己任""任重而道远"（《论语·泰伯》第七章）的气概，也无人能比。

三、《大学》的原本与改本

《大学》有两种版本：一种是原本，另一种是改本。《大学》改本的出现，是从程颢、程颐开始，最后由朱熹完成的。二程对《大学》给予极高的评价，并进行了深入细致的研究。他们在研究过程中，感到原本有些地方行文不够通顺，便试着将原来的章节、文句做一些调换，从而使其义理通达、文气顺畅。于是，他们便断言《大学》原本有错简（古代书籍多写于竹简上，竹简是按前后顺序串联在一起的，但有时因为串联的绳索断开等原因，而使竹简次序发生错乱，从而导致文章的文句错乱，后人遂将这种现象叫作

"错简")。

怎样改动原本？由于个人对原文的理解或诠释不同，会有不同的改法。例如，程氏兄弟二人就有不同的改本。不过，改本虽不尽相同，但是在一个十分重要的方面却非常一致，那就是：他们所改动的绝大部分是原文中所引述的《诗经》《尚书》语句的位置。古人文章中引述经籍的文句，主要作用大致有两个：一是用来做自己说话的论据；一是用来借题发挥，以引出自己的看法。如属前者，则引文的出现，必紧跟在作者说法之后；如属后者，则引文之后，必紧接着作者自己的议论。看看《大学》的引文，程氏兄弟感到有许多段落都是前无所承，后无所继。但是，将这些引文的位置调整之后，这种现象立刻消失。做学问，写文章，需要条理清楚，结构严谨，所以程氏兄弟都写出了自己的改本，使《大学》成为文理通顺的文章。

朱熹继承了二程的主张，并加以推廓发扬。他不仅站在条理的立场，更进一步站在严格结构的立场，来改编《大学》并划分《大学》的篇章结构。他认为，《大学》是一篇结构严密的文章：开始的一大段，大致是全文的提纲，讲的是"大学之道"的纲领和条目；后面的各段，则是给这些纲领和条目所作的引证说明；因此，他断言：开始的一段是"经"（孔子的言论），后面各段是"传"。传就是对经的注释，而作为经的注释，传的先后次序自然要跟经文所述内容的先后次序相一致。朱熹正是按照这个原则来编成他的《大学》改本的，并据此将他的《大学》改本分成经1章、传10章共11个段落，1546个字。

经过改编分段之后，首段的经文和以后10段的传文的内容，大致上有一种对应的关系。唯一例外的就是传文的第五章。传文的第五章应该是说明经文中"格物"和"致知"这两个条目的，而今传文第五章对于这两个条目既无引证，也无说明。所以，朱熹认为这里一定有缺漏。有鉴于此，朱熹便根据程颐对"格物"和"致知"的理解，补上了一段传文，这就是所谓的"格致补传"（或简称"补传"）。而朱熹的改本、经传和段落的划分，再加上"补传"，就合成了今本《大学章句》。

朱熹对《大学》和《中庸》并没有像对《论语》和《孟子》那样作"集注"，这大概和此前《大学》《中庸》没有独立的定本、注释者少有关。朱熹给两书命名为《大学章句》《中庸章句》，自己作了解说，并且在解说中贯穿了自己的理学观点。

在朱熹的《大学》改本出现后不久，就有些学者认为改本不如《礼记》原本好。有一些学者是基于纯粹的学术兴味，总想找出古籍的原貌，不喜欢对古籍进行改动。还有一些学者是基于反对宋明理学，尤其是反对朱熹，其中最有代表性的是王阳明的致良知说。王阳明认为，"古本大学"文义本来畅达圆足，实不必改动文词，编定章句。例如，朱子承程颐之说，把"在亲民"改为"在新民"，王阳明认为实不当改。

实际上，王阳明反对朱子的理学，提倡原本，是对《大学》的义理有自己的新理解。他把"大学"理解为"大人之学"，他对"大人"的解释是：

> 大人者，以天地万物为一体者也……大人之能以天地万物为一体也，非意之也，其心之仁本若是，其与天地万物而为一也。岂惟大人，虽小人之心亦莫不然，彼顾自小之耳。……是其一体之仁也，虽小人之心亦必有之。是乃根于天命之性，而自然灵昭不昧者也，是故谓之"明德"。……故夫为大人之学者，亦惟去其私欲之蔽，以自明其明

德，复其天地万物一体之本然而已耳……

　　……至善者，明德、亲民之极则也。天命之性，粹然至善，其灵昭不昧者，此其至善之发见，是乃明德之本体，而即所谓良知者也。（《大学问》，《王文成公全书》卷二十六）

从以上的引文中可知，王阳明认为"至善"才是《大学》纲领中的纲领，而所谓"至善"实指"良知"。良知是人的本性，也是天地万物的根源。所谓"大人"，就是自觉此天赋之良知乃人之本性，同时是万物的根源，由此觉悟人与我、己与物之本为一体者。故此，所谓大学，只是除去私欲之蔽，让良知自明自显，由此见万物之本为一体，从而对于人人物物，皆能真实地亲之，以实现此一体之仁。于是，明明德和亲民实即至善的良知之呈现。

当然，历代都有反对朱熹的《大学》改本而主张学习原本的。

的确，朱熹的理学偏离了孔孟的义理系统。他认为心具众理，但心与理是二不是一。他强调了理，但不能给理确立内在的根源。当代新儒学大师牟宗三先生在他的《心体与性体》中对此有精辟的论述。

总之，就一般读者来说，改本优于原本，这是南宋以来学者们公认的。所以，本书就是按朱熹的改本《大学章句》讲解的，但对其宣传理学之处，则尽量回避。

四、"大学"一词的含义及内容

"大学"一词有几种含义，在不同的上下文里和不同的语句里，可能表示不同的意思。朱子在《大学章句·序》中说："《大学》之书，古之大学所以教人之法也。"在这句话里，"大学"一词共出现两次，两次所指并不一样。第一个是专有名词，指的是"四书"中的《大学》这本书。第二个"大学"是指古代的最高学府，培育经国济世人才的学宫。这个"大学"的"大"应读为"太"（tài）。"大学"还有第三个意思，指"大人之学"。"大人"是指什么人呢？朱熹的意思是指在上位者，包括天子、诸侯；指有德业者，如圣人、君子；指长辈，如父母或年长者。朱子在《大学章句·序》中说："及其十有五年，则自天子之元子（嫡长子）、众子，以至公卿、大夫、元士（天子之士，不同于公卿大夫之士）之适子（正妻之子，也专指嫡长子），与凡民之俊秀，皆入大学，而教之以穷理、正心、修己、治人之道。"看来，这里所谓的"大学"，是指天子、诸侯等在上位者设于国都的学校；"大人之学"是指"穷理、正心、修己、治人之道"，即成为圣人、君子的学问。

朱熹在说明"大人之学"时，常常与"小子之学"（或"童子之学"）相对照。对照不是在年龄、地位，而是在教学内容。小子之学的教学内容是："洒扫、应对、进退之节，礼乐、射御、书数之文。"这些学问，在儿童进入社会之前，想立足于社会，是必不可少的。但通过学习这些学问，学者虽然掌握了，却只能知其然而不能知其所以然，以至于无法保证每一念头和操守都能恰如其理，所以还需要进一步学习"大人之学"。"大人之学"所教的正是"穷理、正心、修己、治人之道"和这些道理的根源。

那么《大学》这本书里是否包罗了所有立身行事、修己治人的大道理及其根源呢？没有。如果是那样的话，《大学》这本书将是一部博大精深的儒家典籍，超过了所有的经书。《大学》的内容，只是学者"入德之门"。至于实践这些纲领的具体功夫（如格物、致知、诚意、正心等），并没有详细解说。所以，《大学》这本书的内容，只是写出了"大人之学"的规模，由此，初学者可学得进德修业的进程的次序，是"入德之门"。可见，《大学》实是儒学最初步的典籍。

五、怎样解读《大学》

《大学》里面讲三纲领、八条目，它是从主观的实践到客观的实践，把儒家实践的范围给你规定出来，但它本身的方向却不确定。它主要是列举了这些实践纲领，却没有对这些纲领做什么解释。比如《大学》说"明明德"，但是什么是"明德"呢？"止于至善"，什么叫"至善"呢？"至善"究竟是落在哪个地方呢？这在《大学》里面都不清楚。所以，在这些地方就有不同的态度，讲起来就有不同的讲法。牟宗三先生给我们做了深刻的分析，使我们在读《大学》时，能保持清醒的认识：

> 讲《大学》的人也就有不同的讲法，最典型的两个态度就是王阳明的讲法和朱夫子的讲法这两者。朱夫子那个讲法是顺着《大学》讲《大学》，这是最自然的讲法，一般人也最容易走朱夫子这条路。朱夫子讲儒家是以《大学》为标准。朱夫子的讲法尽管很自然，比如致知格物、格物穷理，这很自然，但是他有一个毛病，他拿《大学》作标准来决定《论语》、《孟子》、《中庸》、《易传》，结果通通不对。可是，如果你把《大学》讲成王阳明那种讲法，那也太别扭，你怎么知道《大学》里面"致知"的"知"就是良知呢？这也很麻烦。《大学》里面的致知、格物未必就是王阳明的那种讲法。王阳明是用他的良知教套在《大学》里面讲，他这种讲法在文字上是没有根据的，但是他的讲法有一个好处，在义理上来说他的讲法合乎儒

家的意思。王阳明是拿《论语》、《孟子》来规范《大学》，朱夫子是拿《大学》来决定《论语》、《孟子》、《中庸》、《易传》。所以儒家系统到后来分歧了。（《中国哲学十九讲》第四讲）

我们应该怎样读《大学》呢？牟宗三先生接着说：

那么，我们看《大学》当该采取什么态度呢？《大学》只是把实践的纲领给你列出来，但是要如何实践，实践的那个领导原则是那个方向，《大学》里面不清楚。因为《大学》本身不明确，那么到底要如何来实践呢？这个道德实践后面的基本原则到底是什么呢？这个地方我们当该以《论语》、《孟子》、《中庸》、《易传》来作标准，用它们来规范《大学》。我们不能反过来以《大学》为标准来决定《论语》、《孟子》、《中庸》、《易传》。至于《大学》本身的原意究竟是什么，这是个很麻烦的问题。……因为《大学》本身不明确，所以我们讲儒家的时候并不太着重《大学》。以前的人重视《大学》是因为朱子的权威太大，朱子讲《大学》，所以人人讲《大学》。就是王阳明也是从《大学》入手，但是他把朱子的那个讲法扭转过来。王阳明是孟子学，他讲《大学》是孟子学的《大学》。朱夫子的《大学》则是以程伊川的讲法为根据。（同上书）

六、《大学》在今天的意义

中国自五四以来就批判儒学，批判四书五经，一直到"文革"

达到顶点。"文革"之后，情况有所缓解，但四书五经在人们的心目中，似乎仍然是与现代不相容的有害的书籍。在已出版的诠释四书五经的书籍中，还有很多认为它是为剥削阶级服务的。

按这种理论推断，如今封建社会垮台了，皇帝和封建势力也不复存在了，那么为它们服务的四书五经也过时了，没有必要再去学习了。可是事实并非如此。学习四书五经，特别是学习四书的热情在群众中日渐高涨，有的学校开了四书相关课程。为什么会这样？因为四书五经产生在两千多年前，是中华民族圣哲先贤思想的精华。在封建社会里，统治阶级利用了它，一些封建文人为统治阶级服务，歪曲了它，使它面目全非了。今天，我们应该冷静下来反问自己：中华民族已有五千年的历史，是世界上仅有的几个文明古国之一，我们的祖先究竟给我们留下了什么文化遗产供后人永远遵从？把四书五经全抛弃了，我们还剩下什么？有人会说：还有《史记》、唐诗、宋词、元曲……但是，在这些富有生命力的文学艺术的背后就没有一种民族精神在支持吗？我的回答是：四书五经是中华文化的根源，是中华文化的血脉。今天我们应该恢复它的本来面目，使人们在精神上有所依据。

以《大学》而论，我们今天学习它，仍可以作为"入德之门"。比如说，我们今天提倡"为人民服务"。一个人真正有了为人民服务的思想，可以说是一个有道德的人，是一个君子。但是现实是：尽管我们一再提倡为人民服务，许多人却做不到。这一思想常常浮在表面，并未深入人心。原因何在？我想主要原因是我们把思想教育简单化了。真正想叫人们树立起为人民服务的思想，不是把它作为一个口号提出来就可以了，还需要进行深入的思想教育。《大学》一书对初学者"入德"的过程——格物、致知、诚意、正心等作了十分细致深入的论述，是一本讲解怎样进行思想教育的很好的教材，也是个人进德修业的最初步的读物。

在八条目中，"修身"是核心。今天我们提倡热爱祖国，而从《大学》可以知道，自古儒家就把爱国与"修身"紧紧联系在一起：只有"修身"才能做到爱国，而要爱国就必须注意"修身"。试想，一个品德不好的人，他怎么会真正爱国呢？

有人认为，"格物""致知"是做学问的功夫。其实，为人处世也都要"格物""致知"。一个领导者真正做到了"格物""致知"，他制定的政策就不会左右摇摆。经文最后说："自天子以至于庶人，壹是皆以修身为本。其本乱而末治者否矣。"翻看中国的历史，历代统治者都是要求庶民修身，而自己却生活糜烂、胡作非为，结果导致国破家亡。《大学》传文的最后一章，给在上者提出了"絜矩之道"，这对我们其实也是一针清醒剂。

七、结语

以上六点是我对《大学》的粗浅认识。四书之中，问题最多的首推《大学》，上述六点，也无一不引起激烈争论，而且争论的不仅仅是这六点，甚至对每一点中的细节问题也各有不同的看法。

我认为，这种争论还将长期存在下去，但这不仅不会妨碍我们学习和理解这些经典，而且会启发我们对经典作更为深入的思考，从而有益于我们的学习和理解。

朱子序

学习《大学》应先学习朱熹在编《大学章句》时写的序言。下面就先解说《朱子序》。

【原 文】

《大学》之书，古①之大学②所以③教人之法也。

【译 文】

《大学》这本书的内容，是古代最高学府——大学用来教育人的方法。

注 释

❶古：朱熹所说的古代，大概是指周代。周代以前的"大学"，已无资料可查。

❷大学：请看《引子·四》。

❸所以：与现代汉语不同。古汉语中的"所以"是两个词，"所"是辅助性代词，加在谓语性成分前面，指代某种动作的对象。"以"是介词，意思是"用""凭"。本句"所以"的意思是："用来（教育人）的。"

说 解

朱子在《序》的开头，首先指出了《大学》这本书的主要内容，也就是古代最高学府大学的教育内容。有关周代大学的记述，今可见于《礼记》的《王制》《学记》《大学》等三篇。《王制》所记，偏重于学制；《学记》则泛论学业之阶段、学校之典礼以及为师为徒者各自的资格和对待学业的态度；《大学》则专记所谓"大学之道"，是教育内容的核心。这三篇所记，是否如实地反映了周代的学制和当时最高学府的教育内容，已无其他资料可供参考，但它们至少反映了先儒的理想学制和理想的教育内容。

【原 文】

盖自天降生民，则既莫不与之以仁义礼智之性矣。然其气质之禀①，或不能齐，是以不能皆有以知其性之所有而全之也。一有聪明睿智、能尽其性②者出于其间，则天必命之以为亿兆③之君师，使之治而教之，以复其性，此伏羲④、神农、黄帝、尧、舜所以继天立极⑤，而司徒⑥之职，典乐⑦之官所由设也。

【译 文】

自从上天降下百姓，都赋予了仁义礼智的本性。但是他们的气质之性，却人各不同。因此，人们（受本能欲望的干扰，）不能自觉其义理之性而保全它。一旦有聪明智慧能充分展现义理之性的人出现，则天必使他成为亿万百姓的君主和师长，叫他管理百姓、教育百姓，使他们恢复仁义礼智的本性。这就是伏羲、神农、黄帝、尧、舜所以要继守天意给百姓建立要遵守的最高准则和设立司徒、典乐这些官职的原因。

注 释

❶气质之禀：宋儒认为，人的天赋有两个方面：一是仁义礼智之性。即所谓人性，宋儒称之为义理之性，是人类专有而禽兽所无的。这是我们能够实现仁义礼智的根据，是人类尊严之所在。二是气质之性。本能、欲望、品性、才智等均属于气质之性。禀，禀赋、禀性。

❷能尽其性：能使义理之性充分表现。

❸亿兆：极言其多。这里指人民。

❹伏羲：古代传说中的部落酋长，即太昊（hào）。相传他始画八卦，教民捕鱼、畜牧，以充庖厨，故其又名庖牺。

❺继天立极：继守天意而建立最高准则。

❻司徒：官名。《周礼·地官》：大司徒为主管教化之官，六卿之一。

❼典乐：掌管朝廷的音乐事务。

说 解

　　这一节综述教育之所由起。人的天赋有两个方面：一是义理之性，即善良的本性；一是气质之性，即本能、欲望、品性、才智。人的善良的本性，由于受气质之性的干扰，不能充分展现。欲望性质的程度不同，干扰有深有浅，因而品德有高有低，出现了先觉者与后觉者的差别。人有义理之性，所以教育有可能；人有本能和欲望，所以教育有必要。人既有先觉者与后觉者之别，先觉者就有创办教育、教育后觉者的责任。这正是古代君主、师长产生的原因，也是设立掌管教育的司徒、典乐等官职的原因。为君者和为师者，都是以启发百姓的自觉，使他们充分展现其义理之性为目标的，这是教育的目的，同时也是政治的目的。

【原 文】

　　三代①之隆，其法浸备②，然后王宫、国都以及闾巷③，莫不有学。人生八岁，则自王公以下，至于庶人之子弟，皆入小学，而教之以洒扫、应对、进退之节，礼乐、射御、书数之文。

【译 文】

　　夏、商、周三代，教育发达，学制逐渐完备，从王宫、国都到民间里巷，都设有学校。小孩到了八岁，上自王公下到百姓的子弟，都要入小学，小学所教的是洒扫、应对、进退的规矩和礼乐、射御、书数等文化知识。等他们到了十五岁，上自天子的及其十有五年，则自天子之元子④、众子，以至公卿、大夫、元士⑤之适子⑥，与凡民之俊秀，皆入大学，而教之以穷理、正心、修己、治人之道。此又学校之教，大小之节，所以分也。

夫以学校之设，其广如此，教之之术，其次第节目之详又如此；而其所以为教，则又皆本之人君躬行心得之余，不待求之民生日用彝伦⑦之外。是以当世之人无不学；其学焉者无不有以知其性分之所固有，职分之所当为，而各俯⑧焉以尽其力。此古昔盛时所以治隆于上，俗美于下，而非后世之所能及也。

嫡长子和其他皇子，下至公卿、大夫、士人的嫡子和普通百姓中才华卓越的孩子，都要入大学。大学所教的是穷理、正心、修己、治人的道理。这就是由于教育内容的不同，把学校区分为大学和小学的情况。

学校的设立是如此广泛；教育的办法、顺序、内容又如此详备，而教育的根本之点是基于人君在生活实践中的心得体会，不是从民生日用常道之外求得的。因此，世上的人都可以学习；学习之后，都会了解自己本性中固有的仁义礼智的善性，了解自己怎样做才对，于是低着头努力去做自己应该做的事。这就是古代盛世所以在上者能够治理好国家，百姓的风俗纯美，后世无法赶上的原因。

注 释

❶三代：这里指夏、商、周三代。

❷浸备：逐渐完备。浸（jìn），逐渐。

❸闾巷：泛指民间。

❹元子：天子和诸侯的嫡长子。

❺元士：天子之士。所以在"士"（最下级官吏）前面加一"元"字，是为了与诸侯之士有所区别。

❻适子：正妻所生的儿子。也专指嫡长子。

❼彝伦：天地人之常道。彝（yí），常道。

❽俯（fǔ）：《朱子语类》卷第十四，朱熹解释"俯"字说：是刺（低）着头，只管做将去的意思。

说 解

　　这一节说明小学之教与大学之教的分别。古时教育，无论是小学或是大学的教育内容，虽然都包含一定程度的知识教育和技能教育，但归根到底，毕竟都是以道德教育为根本。道德教育是一种实践的教育，而不是知识教育；所以，小学教的是实践之事，大学教的是实践之理。参与这样的教育，无论是教者还是学者，基本上都要在实践中进行；施教的最基本的方法就是以身作则，学习的最基本的方法则是在日用人伦之间身体力行。教者以身作则，要充分展现固有的美德——仁义礼智之性，所以施教并不难。而仁义礼智之性乃人所固有，教者又做出榜样，所以学者也极易学习。于是由上至下，人人都努力向上，充分展现自己固有的义理之性——仁义礼智的美德。这样良好的教育，自然会使政治修明，风俗纯美。

【原 文】

　　及周之衰，贤圣之君不作①，学校之政不修，教化陵夷②，风俗颓败。时则有若孔子之圣而不得君师之位，以行其政教，于是独取先王之法，诵而传之，以诏后世。若《曲礼》③、《少仪》④、《内则》⑤、《弟子职》⑥诸篇，固小学之支流

【译 文】

　　等到周朝由盛转衰，圣贤的国君不再出现，有关学校的政事管理不善，教化衰落，风俗颓败。当时虽有像孔子这样伟大的圣人出现，但因他不在君师之位，不能直接参与一贯的政治和教育，于是自己把先王的理论，通过口头的讲论，传授给门人弟子，以流传后世，叫后世人都能学到。像《曲礼》《少仪》《内则》《弟子职》等文章，本来属于小学所教的范围；而《大学》一篇，是讲明了在小学学完之后，到

余裔⑦；而此篇者，则因小学之成功，以著大学之明法，外有以极其规模之大⑧，而内有以尽其节目之详⑨者也。三千之徒，盖莫不闻其说；而曾氏之传，独得其宗，于是作为传义，以发其意。及孟子没而其传泯焉，则其书虽存，而知者鲜矣。

大学要怎样学习的规则。从外面看，不仅能反映出大学之教的规模宏大，涉及修己、治人、成己、成物等各方面；往内里看，它更详细地阐述了所以明德、新民的要目。孔子的三千弟子都听到了孔子的讲述；而曾子所传授的，却独得孔子的真传，于是把它写出来，发挥了孔子学说的义蕴。可惜在孟子之后，就没有人再传授了。《大学》这篇文章虽收在《礼记》之中，但知道的人却很少了。

注　释

❶作：兴起，出现。

❷陵夷：衰落。

❸《曲礼》：《礼记》的篇名。

❹《少仪》：《礼记》的篇名。

❺《内则》：《礼记》的篇名。

❻《弟子职》：春秋时齐国稷下学宫的学则，内容是弟子事先生之礼。因是齐国学宫的学则，所以收在《管子》里。

❼裔：后代。

❽外有以极其规模之大：是说《大学》从外面看，规模宏大，涉及修己、治人、成己、成物等各方面。

❾内有以尽其节目之详：明德、新民是节目，《大学》对明德、新民作了详尽的阐述。

说　解

　　朱熹在这里讲述的，我在本书《引子》"大学的作者"一节中，已经说明了。朱子的看法是经过综合和推测所得出的结论，并没有确实的根据。朱熹所以认定《大学》的经文乃孔子所说而曾子述之，传文为曾子所述而曾子弟子记之，是想给《大学》一文的起源、内容及其重要性，提供一种"合理的说明"。

【原　文】

　　自是①以来，俗儒记诵词章之习，其功倍于小学而无用；异端虚无寂灭之教②，其高过于大学而无实；其他权谋术数，一切以就功名之说与夫百家众技之流，所以惑世诬民，充塞仁义者，又纷然杂出乎其间；使其君子不幸而不得闻大道之要，其小人不幸而不得蒙至治之泽。晦盲否塞③，反复④沉痼⑤，以及五季⑥之衰，而坏乱极矣。

【译　文】

　　在孟子之后，（由于统治者为了巩固个人的权位而提倡儒学，）一般儒生（为了猎取功名利禄，）专务词章记诵，下的功夫超过小学一倍，却没有用处。于是，（从魏晋到隋唐，道教和佛教因君主的信奉而大盛。）这两种宗教讲究虚无静寂，其教理高过大学，但不能解决实际问题。而其他权谋术数、为了猎取功名利禄的学说以及诸子百家之流，迷惑世人，欺骗百姓，堵塞仁义之路的思想，又一齐涌现出来，使正人君子不幸听不到（儒家的）常理正道，使普通百姓不幸得不到政治清明带来的恩泽。国家昏暗不明，政治闭塞不通，社会变动无常，陋习、积弊难以改掉。到了唐宋之间的五代，中国社会坏乱到了极点。

注　释

　❶是：指孟子的年代。

❷异端虚无寂灭之教：指道教和佛教。

❸晦盲否塞：昏暗不明，闭塞不通。

❹反复：变动无常。

❺沉痼：积久难治的病，引申为难改的陋习、积弊。痼（gù），积久难治的病，常用来比喻不易克服的坏习惯或嗜好。

❻五季：指唐宋之间的后梁、后唐、后晋、后汉、后周。

说 解

儒学由孔子奠定基础，经曾子、子思、孟子等几代的发展，义理规模已经成熟完备。汉武帝以后，儒学定于一尊，研究儒学的人和著作越来越多。但是，儒学的中心义理并未因而更广泛更深刻地为学者所理解所体会，反而在一些历史因素的影响下，更为隐晦。究其原因，一方面是由于大多数的为君者提倡儒学，目的只在巩固个人的权位；一方面是由于一般儒生之研习儒家经籍，是为了博取功名利禄，他们把功夫用在词章记诵上，而不能发挥经籍的义理，所以苦读十年，却劳而少功。

同时，从魏晋到隋唐，道教和佛教也因为君主的信奉而大盛。这两种宗教的教理比较玄虚，陈义虽高，但无益于世事。

这样，儒学的仁义礼智之理，竟然历千年而不明，而《大学》的修己治人之教，也没有引起人们的关注。

【原 文】

天运①循环，无往不复，宋德隆盛，治教休明②。于是③，河南程氏两夫子④出，而有以接乎孟氏之传，实始

【译 文】

天道运行，周而复始，过去的一定还要回来。到了宋朝，德业兴盛，政教整饬清明。这时，河南程氏两位夫子出现了，他们承接了孟子的真传，开始尊重信仰《大学》而加以宣扬。又把书的

尊信此篇而表章之。既又为之次⑤其简编⑥，发⑦其归趣⑧，然后古者大学教人之法，圣经贤传之指，粲然⑨复明于世。虽以熹之不敏，亦幸私淑⑩而与⑪是有闻焉。顾其为书，犹颇放失⑫，是以忘其固陋，采而辑之；间亦窃附己意，补其阙略，以俟后之君子。极知僭逾⑬，无所逃罪，然于国家化民成俗之意、学者修己治人之方，则未必无小补云。

淳熙己酉⑭二月甲子，新安朱熹序。

内容重新加以编排，发挥其中的主旨。经过程氏两夫子的努力之后，古代大学教人的方法，圣人写的经文和先贤写的传文的主旨，又明晰地在这世上重放其光辉。朱熹我虽然愚笨，但也有幸私淑二夫子而得以与闻其事。不过这本书还有许多被丢弃散失的地方，所以我不顾自己的见识浅陋，又重新收集编辑，其中有些地方也附上自己的意见，补充其不足疏漏之处，期待着后世君子的批评指正。我很知道这是越分的，罪责难逃，但它对于国家转变民德民俗，学者了解修己治人的方法，也未必没有一点点补助吧！

淳熙己酉年二月甲子，新安朱熹序。

注 释

❶天运：天道运行。

❷休明：整饬清明。

❸于是：在这个时候。是，通"时"。

❹河南程氏两夫子：程颢（1032—1085）、程颐（1033—1107）兄弟二人同受学于周敦颐，并称"二程"，同为北宋理学的创立者。

❺次：编排。

❻简编：古人将文章写于竹简上，把竹简按顺序编排在一起而成书，后泛称书为简编。

❼发：发挥。

⑧归趣：旨趣，主旨，意义。

⑨粲然：明亮，明白。

⑩私淑：不能亲身受某人教导，却仰慕学习该人为私淑。

⑪与（yù）：参与。

⑫放失：丢弃散失。

⑬僭逾：越分。指超越自己身份，冒用在上者的职权行事。僭（jiàn），越分。

⑭淳熙己酉：宋孝宗淳熙十六年（1189），朱熹60岁。淳熙是宋孝宗年号。

说 解

这一节说明所以编写《大学章句》的缘由。宋朝学术十分兴盛，儒学的仁义礼智之理，在宋朝才得以重光于世。儒学大师周敦颐，首开一代学风。他主要以《易传》《中庸》为典据，以发扬儒学核心的心性论，还没有十分注意到《论语》、《孟子》和《大学》。可是他的弟子程颢、程颐开始大力表章《大学》《中庸》《论语》《孟子》，认为这四本书最能代表儒学的精髓。自此以后，儒学的中心典籍由五经转到四书。朱熹生在南宋，不能亲自受教于二程（他的受业师是李延平），但他私淑二程，特别是程颐。他毕生致力于四书的编定和注疏，对于《大学》用功尤多。直到宋孝宗淳熙十六年，他60岁时，才大致编定《大学》和《中庸》，于是在二月写《大学章句序》（即本文），三月写《中庸章句序》。第二年，即宋光宗绍熙元年，在漳州刊刻四书，从而成为后世四书合刊的先河。

一

经一章

本章文字虽不算长，但为方便，将其分为六个自然段进行注释、翻译和解说。

【原文】

　　大学之道①，在明明德②，在亲民③，在止于至善④。

【译文】

　　大人之学用来教育人的宗旨和纲领是彰明发扬人得于天的本有的光明德性（良知、善性），并推以及人，使百姓也能自新、改旧从善，最后达到完善圆满的境界而坚持不变。

注释

❶大学之道："大学"一词至少有三种意义（请参看《引子·四》），作古代最高学府讲时，"大"字应读为"太"，即"太学"。"大学之道"的"大学"指大人之学（区别于小学）。"大学之道"的意思是大人之学用来教人的方法，包括教育宗旨、教学内容和纲领。

❷明明德：上一个"明"字是动词，是彰明、发扬的意思。下一个"明"字是形容词，是光明或灵明的意思。"德"指人得于天的德性。"明德"就是人类天赋的、与生俱来的光明清澈的德性（即良知、善性）。"明明德"就是彰明恢复人得于天的本有的光明清澈的德性（即良知、善性）。

❸亲民：朱熹接受程颐的看法，认为在《大学》的传文中，只有说明"新

民"，并没有道及"亲民"，所以"亲"当作"新"。"亲"可能是传抄错误的结果。"新"是革新、更新的意思，"民"指民众、百姓。

❹止于至善："止"不是停止或终止的意思。朱熹的解释是"止者必至于是而不迁"，其中包括"必至于是"和"不迁"两层意思。"至善"是指最完善圆满的境界。"止于至善"的意思是：一定要达到最完善的境界，达到之前要勤奋努力，力求达到；达到之后，决不动摇，坚持不变。

说 解

大人之学是相对于小儿之学而言的。小学教的是洒扫、应对、进退等实践之事，大学教的是实践之理、实践的根据。

实践的根据在哪里？不是外在的某些圣贤定的规矩，而是内在于人的本身。人生来就有一颗光明纯洁的心灵。孟子说："孩提之童无不知爱其亲者；及其长也，无不知敬其兄也。"其良知良能本自有之。但是人除了具有善良的心灵（良知）之外，还有七情六欲，二者不断地互相影响着。在日常生活中，善良的心灵常受私欲的蒙蔽，昏暗不明，而不能自由去扩展，去做好事。所以要"明之"，这就需要后天的修养功夫。我们必须通过学习，通过不断内省，排除七情六欲的干扰，使我们的"明德"充分地彰明恢复。这就是"明明德"，就是大学的根本，也可以说是大学的发端。

一个人已经"明明德"了，如果只满足于自己的完美，只是独善其身，那他的"明德"还不能说已经充分彰明了。人的善性是与自私自利针锋相对、水火不容的。一个真正道德完美的人，必然要关心别人，关心社会，使人人能自觉向善，使社会风气也变得纯美善良。孔子说一个仁人要"己欲立而立人，己欲达而达人"（《论语·雍也》第三十章）。孟子也说得好："故君子莫大乎与人为善。"（《孟子·公孙丑上》第八章）这就是"在新民"。"在新民"也是大学的宗旨。

从明明德到新民成为自觉自愿的行动，使人的天赋的善良本质普遍地具体地呈现于人伦日用之间，一切都达到最完美的境界，达到极致，无一毫不尽，这就是"止于至善"。

"明德、新民、止于至善"八个字，包括了大学的主旨，朱熹称它们是大学的纲领。三者似乎是三件事，实际是统一的，密不可分的。"明明德"是出发点，"止于至善"是终点，中间必须经过"新民"，没有"新民"就没有"至善"，"明明德"也就毫无意义。

【原文】

知止而后有定①，定而后能静②，静而后能安③，安而后能虑④，虑而后能得⑤。

【译文】

知道自己所要达到和坚持不变的最完善（至善）的境界之后，自己的志向才能确定不移；志向确定之后，心意才能安静而不妄动；心意安静下来之后，才能面对现实而安心，不致有所忧惧疑虑；面对现实安心而没有忧惧疑虑，而后才能处事精思详察，不受干扰；精思详察之后，一定会有所得。

注 释

❶知止而后有定：知止，即知道自己所要达到和坚持不变的最完善（至善）的境界。定，指心志的定向。一个人的人生观不确定，就没有努力的方向。

❷静：心意安静而不妄动。

❸安：不管遭遇如何，都会安之若素。

❹虑：处事精思详察。

❺得：有所得。《孟子·离娄下》第十四章说："君子深造之以道，欲其自得之也。"这个"得"是自得。即学到的一些美德，真正成为自己的美德，而不是停在口头上。

说 解

"知止而后有定"，这是孔子解释大学纲领的第一句话，这句话太重要了，每个人都应该懂得这句话的重要。《朱子语类》说："《大学》以知止为要。"一个人感到生活没有意义，得过且过、胡作非为等，不能走上正道，就是因为"不知止"。前些天，我在中央电视台《法治在线》节目中，看到湖南有一所大学的两名毕业生合伙抢劫杀人，就深深感到，这些年轻学生，本来受社会的污染较少，也没有太大的生活压力，为什么会走上邪路？就是他们在成长的过程中，始终"不知止"。通俗一点说，就是不知道人为什么活着。一个人真正知道了为什么活着，就会决定自己的志向。我想从小学开始，就应该对学生进行"知止"的教育。心志有了确定的方向，就不会轻易为外物干扰而动摇，以致心绪不宁。心志定了，就能安静。心绪能做到静，不管遭遇如何，都会安然处之，能够安然面对事实，就会有周密正确的思考而不致想入非非。周密正确的思考，能分清是非善恶，能引导自己走上至善之路，而成为品德高尚的人。

朱熹在《朱子语类》中举例说："如行路一般，若知得是从那一路去，则心中自是定，更无疑惑。既无疑惑，则心便静；心既静，便贴贴地，便是安。既安，则自然此心专一，事至物来，思虑自无不通透。若心未能静安，则总是胡思乱想，如何是能虑？"

孔子提出的止、定、静、安、虑、得，是一个要求上进的人的思维过程，一环紧扣一环。一个人不知止怎么能定？不能定怎么能静？不能静怎么能安？不能安怎么能虑？不能虑怎么能得？虽然"为仁由己"，但真正想有所得，品德真正有所提高，并不容易，绝不是听一场两场报告就能见效的。

想加深对本段的理解，请看下一节。

【原 文】

物有本末①，事有终始②，知所先后，则近道矣。

【译 文】

一个事物都有根本和枝节，一件事情都有开始和终了。为学知道先抓什么，后抓什么（知道应先抓根本，知道从头开始），这就距离大学之道的实现不远了。

注 释

❶物：这里的"物"，朱熹认为是指"明明德"和"新民"。"本末"是把"大学之道"拿树木来作比喻。本是树根，末是树梢；"明明德"与"新民"的关系，是"本"与"末"的关系。"明明德"是树根，"新民"是树梢。

❷事：朱熹认为是指从"知止"到"能得"的过程。"知止"是"始"（开端），"能得"是"终"（结果）。

说 解

朱熹认为这一节是前面两节的总结。"物有本末"总结"明明德"和"新民"的关系。人为学必须以"明明德"为本，真正的"新民"才成为可能；"明德"必须推广到"新民"，"明明德"才真正完成。"新民"若不以"明明德"为本，就流于纯以刑政法度治民，结果人民的素质得不到提高，人民只是因为畏惧刑律才不违法，形成"民免而无耻"（《论语·为政》第三章），根本称不上新民。

上一节已经说过，"知止"是一个要求上进的人的思维历程的开始。一个要求进步的人，必须树立"止于至善"的思想，并首先要树立正确的人生观，只有先跨出这一步，才能谈论以后的进步。"能得"是奋斗的目标，是最后达成的结果。止、定、静、安、虑、得的先后顺序原则上不能错乱，这样进步才有保障。

也有人认为朱子在讲"格物"之"物"时说："物犹事也。"这样，"物有本末"之"物"和"事有终始"之"事"应当同样是就"明明德"和"新民"而言。"物有本末"是说"明明德"为本，"新民"为末，重点在"明明德"；"事有终始"是说"明明德"是始，"新民"是终，重点在"新民"。

这种讲法也通。

【原文】

古之欲明明德于天下者①，先治其国；欲治其国者，先齐其家；欲齐其家者，先修其身②；欲修其身者，先正其心③；欲正其心者，先诚其意④；欲诚其意者，先致其知⑤；致知在格物⑥。

【译文】

古来想使天下人都能自明其明德，都成为品德高尚的人的圣王明君，都先治理好自己的国家；想治理好自己的国家，都先整治好自己的家庭；想整治好自己的家庭，都先培养自身的品德，建立自身的道德人格；想培养自身的品德，必须先使自身本有的善良心灵恒居于主宰的正位，而不为七情六欲所蒙蔽；想使自身本有的善良心灵恒居于主宰的正位，必须使心意真实无妄（不要自己欺骗自己）；想使心意真实无妄，必须推极自己的知识，欲其所知无不尽；想达到所知无不尽，在于深入探求事事物物最根本之理。

注 释

❶明明德于天下：使天下人都能自明其明德，都成为品德高尚的人，即下文所说的"平天下"。

❷修身：修整自身的操守，培养自身的品德，建立自身的道德人格。

❸正心：心，人的心灵，人的天赋的本心，是人的主宰。正，使本有的善良的心灵恒居于主宰的正位，而不为七情六欲所蒙蔽。

❹诚意：意，心意（包括意向和意志）。诚，动词。诚其意，使心意真实无妄，即下文所说的"毋自欺"。

❺致知：致，尽、极。知，知识。致知，推极吾之知识，欲其所知无不尽。致知才能求得真知。

❻格物：格，穷究。物，即事。世间之物无不有理，格物即穷究事物之理。事物之理，深浅不同，分许多层次，你进了一层又见一层，必须深入探求到尽处，才是格物。格物之难就在这里，须博学、审问、慎思、明辨。

说 解

开头用一"古"字，表明下列的条目是古代圣王明君的经验或训诫。接着又用一"欲"字，表示"明明德于天下"是儒家的理想。儒家的平天下反对使用武力。像秦始皇那样用武力、暴力虽然也能统一天下，但遭到百姓的反对，不会长久。儒家的平天下，是主张先使百姓各自建立道德的人格，开创一个道德的世界。这就必须先使所居之国成为一个道德之国。国家的组成，其本在家，建设道德之国，必须先使作为国家基础的家庭成为道德之家。家的组成其本在于个人，欲使自己家庭成为道德之家，必须自己先修养品德，建立道德人格，以身作则，为家人树立榜样，使他们在日常生活中潜移默化，终至有以自明其德。看来，平天下的关键在于"修身"。

齐家、治国、平天下都是立人的问题，修身则是立己的问题。如何才能立己？如何才能建立道德的人格？如何修身？儒家不像其他思想统派那样，认为遵守几条戒律就可以了。儒家是从实际出发，主张修身必须加强内心修养，必须正心、诚意、致知、格物，最后才能成为品德高尚的人。

【原 文】　　　【译 文】

物格而后知至，知至而后意诚，意诚而后心正，心正而后身修，身修而后家齐，家齐而后国治，国治而后天下平。

在深入探求事事物物最根本之理之后，就能够推极自己的知识做到所知无不尽；在所知无不尽之后（懂得善恶是非，知不善之必不可为），就不会自己欺骗自己，而使心意真实无妄；在心意真实无妄之后，自己本有的善良的心灵就会恒居于主宰的地位，而不为七情六欲所蒙蔽；在善良的心灵恒居于主宰地位之后，自己的道德人格才能建立；在自己的道德人格建立之后，自己的家庭才能整治好；在自己的家庭整治好之后，才能治理好自己的国家；在自己的国家治理好之后，才能使天下人都能建立自己的道德人格，开创一个道德世界——一个没有尔虞我诈、争权逐利的和谐的太平世界。

说 解

这一节是复述上一节的文意，只是把上一节的话倒过来又说了一遍，其作用主要是修辞上的，强调它们之间的关系，在内容上并没有把格物、致知、诚意、正心、修身、齐家、治国、平天下等条目的意义进一步引申或发挥。

文章是怎样强调它们之间的关系的？用"先后"的"后"字。一般说先后，只是表示彼此的时间关系，但在时间的先后之外，有时还表示彼此的因果关系，居先者为因，居后者为果。此外，还可以表示一种条件关系，居先者为居后者的先决条件。结合《大学》全文考察，以上两节的"先后"，是表示彼此的条件关系。从格物到平天下，都是居后者以居先者为先决条件。看《大学》最后四章，如传第七章开始讲的是"所谓修身在正其心者"，正表示居后者之必须以居先者为其先决条件。传第八、九、十章也是这样。

这种条件系列又可分为两部分，修身以上是"明明德"之事，齐家以下是"新民"之事。从格物到修身，从修身到平天下，每一步都合乎逻辑，不能一蹴而就，都要下一番功夫。

从格物到修身，是说为学的顺序。按道理讲这个顺序是正确的，但在实践中不能太死板，不能等一个条目完成之后，再进行下一个条目。

【原 文】

自天子以至于庶人，壹是①皆以修身为本。其本乱而末治者否矣；其所厚者薄，而其所薄者厚②，未之有也③。

【译 文】

上自天子下至平民百姓，都应该以修身作为根本。根本（修身）如果乱，而枝节（家、国、天下）能治理好，是不可能的。应该重视的（修身）却很轻视，应该轻视的（齐家、治国、平天下）却很重视，（却想齐家、治国、平天下）是从来没有过的。

注 释

❶壹是：一切，同样。壹，通"一"。

❷关于"本""末"，"厚""薄"指的是什么，有不同的说法。就正文看，"其本乱而末治者否矣"和"其所厚者薄，而其所薄者厚，未之有也"，两句相对成文，"本"和"所厚"的所指是一个而不是两个，"末"和"所薄"的所指也应是一个。两句是承上文"皆以修身为本"而来。"本"和"所厚"都是指修身，"末"和"所薄"都是指齐家、治国、平天下。

❸原本这句后面又多一句"此谓知本，此谓知之至也"。

说 解

根据上一节的说明，格物、致知、诚意、正心、修身、齐家、治国、平天下是一个条件系列。这个系列以修身为中心分成两个部分。格物、致知、诚意、正心是修身的先决条件、必要条件，也是修身的唯一途径。没有格物等四者，就没有修身可言。如果四者都已完成，即物已格，知已致，意已诚，心已正，那么修身也就完成了，不再需要别的条件，所以四者是修身的充分条件。由此可见，格物等四者与修身之间并不是一种平列关系，格物等四者只是修身的条件。讲《大学》的人常用三纲领八条目来概括《大学》的内容，这样的概括十分简便，容易记忆，但应知道八条目中格物等四者与修身不是平等并列的。

修身与齐家、治国、平天下，以至齐家之于治国、治国之于平天下虽也是条件关系，但与格物等四者与修身的关系不同，它们顶多是一种必要的条件，而不是充分条件。因为身已修并不就等于家已齐，家已齐也不就等于国已治。身已修者，未必居于统治地位，其作用还是有限的，但修身却是每个人的本分，无论为君、为侯、为卿、为士、为民。这是因为：（1）作为一个人就应该做一个品德高尚的人，就应该把自己的本性——明德充分展现出来，这是作为一个人发自内心的要求，谁也不愿意做坏人。儒家认为，生死和富贵不是人应该追求的目标，而道德学问才是人应该追求的目标。（2）作为一个人应该做一个有益于社会的人。儒家认为如果每个人的道德修养好了，那么家就可以齐、国就可以治、天下也就太平了。

上面已经说了，修身是齐家、治国的必要条件。儒家的政治观，是把政治的本质确定为道德的。《论语》的第一篇是《学而》，内容主要是谈孝悌、三省、忠信礼等道德修养。第二篇接着就谈《为政》，提出"为政以德"，"道之以德，齐之以礼"，把"事父母能竭其力"和"事君能致其身"一齐提出来。儒家的政治目的就是使天下所有的人都能自修其身，建立自己的人格，使世界成为一个道德人格的世界。

以上一章是《大学》一书的总纲，以下各章是对总纲的发挥或说明。朱熹认为这一章非圣人不能言，所以认定是孔子说的，称这一章为"经"，以下各章称为"传"。

对总纲的发挥和说明的顺序，原本和改本有很大不同。原本是从"诚其意"开始讲了两大段，然后才谈到"明明德"、"新民"和"止于至善"，接着又谈修身、正心。读起来还是改本条理通顺，层次清楚。

二

传首章

本章解释明明德。

【原文】

《康诰》①曰："克明德②。"《大甲》③曰："顾諟天之明命④。"《帝典》⑤曰："克明峻德⑥。"皆自明也。

【译文】

《康诰》说："能够彰明天赋的光明德性。"《大甲篇》说："（祖先汤王能常）顾念正视此上天授予我的光明使命（而不敢疏忽）。"《帝典》说："能够彰明大德。"意思都是在说要自己去发扬自己的美德。

注释

❶康诰：《尚书》中的一篇，属于《周书》部分，是周公代成王告诫康叔治理殷民的诰词。康，本地名，武王把幼弟封于康，故称康叔。诰（gào），古代一种训诫、勉励的文告。

❷克明德：能够彰明天赋的光明德性。克，能。明，彰明。德，德性。"克明德"三个字出现在《康诰》中下面的句子里："惟乃丕显考文王，克明德慎罚，不敢侮鳏寡，庸庸，祗祗（zhī zhī），威威，显民。"这是《康诰》中最重要的一句，其中"克明德慎罚"一句尤为重要。《大学》这一章是解释"明明德"，所以只选用了"克明德"三个字。

❸大甲：大（tài），即"太"字。大甲是商汤王的孙子，继承帝位后，不遵

守汤王的法典，贤相伊尹把他放逐到桐宫，使他思过。大甲在桐宫三年，悔过自新，于是伊尹又迎接他回到亳都。自大甲初立到放于桐宫，又从桐宫回来，伊尹多次开导过他。史官记下了这些重要的训话，写了《大甲》三篇。这里的"大甲"二字是篇名，不是人名。原来的《大甲》三篇早已亡佚，现存《大甲》是后人伪托。这句引文出自《大甲上》。

❹顾諟天之明命：（祖先汤王能常）顾念正视上天授予我们的明命（而不敢疏忽）。顾，顾念、考虑。諟（shì），正视、仔细看。明命，朱熹认为，"天之所命"即明命。

❺《帝典》：即《尧典》，属于《尚书》的《虞书》。帝，指尧帝。

❻克明峻德：《帝典》可分七大段，"克明峻德"是在第一大段。第一大段是颂扬尧的德行与成就。"克明峻德"的意思是说尧"能彰明大德"。峻，高也，大也。这个"峻德"并不是指天赋的本心性德，可是《大学》引来阐述"明明德"，而宋明儒家把这个"峻德"理解为每个人固有的本心性德。古人这样塑造古代圣君，正表示后人的心之所向。而后人虽不能至，亦必黾勉以此为准。

说 解

朱熹认为这一章是申述纲领中心的"明明德"的意思。因为"明明德"在经文之首，所以传文也安排在首章。

这一章共有三段引文，《康诰》《大甲》《帝典》都是古代圣贤的教训，时间是由近及远，可见自古圣贤都强调"明明德"。"明明德"是为人的本分，更是为政的基础，是非常重要的。那么，《大学》开始就强调"大学之道在明明德"，正是继承了古圣先贤的教导。

人之明德是天赋的，人人皆有，所以人人都有明明德的可能。另一方面，人人都有七情六欲，明德难免会受物欲所蒙蔽，所以人人都有修养的必要。但是想"明明德"，关键在于自己，不能靠外力。德之明与不明，只在己之克与不克。应该像曾子那样"吾日三省吾身"，经常反省自己天赋的明德是否有失——"顾諟天之明命"。本章用"皆自明也"作结语，正表示人的德行进步当以自作主宰为基础。

　　此章和以下三章到"与国人交，止于信"，原本是安排在传第三章"此以没世不忘也"之后。

三

传第二章

本章解释新民。

【原 文】

汤之盘铭①曰："苟日新，日日新，又日新②。"《康诰》曰："作新民③。"《诗》④曰："周虽旧邦，其命惟新⑤。"是故君子无所不用其极⑥。

【译 文】

商汤王使用的盘上的铭文说："诚能每天都（洗脸，洗手，涤除污染而）自新不已，那就第二天还要自新不已，坚持每天都自新不已（不可略有间断）。"《康诰》说："鼓舞能自新、改旧从善的百姓。"《诗经·大雅·文王》说："周朝虽然是一个古老的国家，但国家君臣百姓都能自新其德，与立国之初，已经大不相同了。"所以，君子（在古圣先贤的感召下，）在"明明德"和"新民"上，都能尽心竭力，以达到止于至善的境地。

注 释

❶盘铭：盘，一种浅而敞口的盛东西的器皿。从文章看，应是装洗脸水的盘，即脸盆，青铜制。铭，古代常把文字刻在金属器物上，或用作纪事颂德，或用作劝勉申诫。后来演变成一种文体。汤这盘铭出处不详，只见于《大学》（据《朱子语类》卷第十七）。

❷苟：诚也，真的。新，动词，涤除旧的污染而自新。日日、又日，是不可略有间断的意思。

❸作：鼓舞振兴。新民，自新之民。按"作新民"取自《康诰》，原文是："汝惟小子，乃服惟弘王，应保殷民，亦惟助王宅天命，作新民。"《大学》引用"新民"是百姓自新的意思，不是革新殷民的意思。这显然与《康诰》的原意不符。先儒引述经典，通常借来表达自己的意思，不受经典原意的限制。这在古书中经常见到。

❹《诗》：指《诗经·大雅·文王》。这是一首歌颂文王德业的诗。

❺周虽旧邦：是说周朝自远祖后稷开始受封，到文王时已千有余年。其命惟新：是说文王能自新其德，百姓也能自新其德。周朝到文王时，与立国之初已经大不相同了。这样的解释，与《诗经·文王》的原意不符。

❻无所不用其极：明明德与新民，都是尽心竭力，以达到止于至善的境地。

说 解

朱熹认为这一章是申述纲领中"新民"的意思，所以安排为传的第二章。

先引汤之盘铭，以人为喻，来说明"新民"的深意。人的手、脸、身躯本来很干净，但在生活中常被污垢所污染，所以要经常（日日）清洗，以保持其清洁。同样，人的德性本是光明，但在生活中，常被物欲所蒙蔽，所以要经常（日日）反省审察（如曾子那样"吾日三省吾身"），以维持其光明。手、脸一日不洗就要脏，品德一日疏于反省审察，就会物欲得势。所以，反省审察，一刻也不能间断。《大学》引述汤之盘铭，是勉励学者当时时警惕，时时省察，自新其德。这是就"新民"之本而言。"新民"之本在个人的自新。学习这句，要抓住"苟"字。"苟"字不能讲成"假若""如果"，"苟"在这句的意思是"诚""真的"，"苟日新"的意思是"（一个人）真的能每天自新不已"，这句是汤之盘铭的重点。

"苟日新"句放在"作新民"之上，意思是想"新民"必须先"自新"。周公告诫康叔"作新民"，意思是叫康叔自新不已，给庶民树立榜样，庶民自然会受其感化，鼓舞奋发，群体效仿，去其利欲之蔽，自新不已，复其天赋的德性。儒家对统治者一贯要求以身作则，用自己的美德去感化群众，但历代多有统治者胡作非为，无人敢管。一些御用文人，又阿谀奉承，结果使得社会黑暗，百姓受苦。一些人把这些都归罪于儒学，是违背事实的。

　　"周虽旧邦，其命惟新"，自新新民，而至于天命之改易，可以说是达到极点了。这样，才可算是"止于至善"。"其命惟新"是"新民"的极点。"明德"、"新民"和"天命"遥相呼应。

四

传第三章

本章解释止于至善。

【原文】

《诗》云①："邦畿千里，惟民所止。"②《诗》云③："缗蛮黄鸟，止于丘隅④。"子曰："於止，知其所止，可以人而不如鸟乎⑤！"《诗》云⑥："穆穆文王，於缉熙敬止⑦。"为人君，止于仁；为人臣，止于敬；为人子，止于孝；为人父，止于慈；与国人交，止于信⑧。《诗》云⑨："瞻彼淇澳，绿竹猗猗⑩；有斐⑪君子，如切如磋，如琢如磨⑫。瑟兮僴兮，赫兮喧兮；有斐君子，终不可谖兮⑬。"如切如磋者，道

【译文】

《诗经·商颂·玄鸟》说："国家疆域千里，人民就住在这里。"《诗经·小雅·缗蛮》说："咭咭呱呱小黄鸟，歇在那边的山脚。"孔子说："虽是小鸟，也知道自己该止在什么地方，人作为万物之灵长，难道还不如小鸟吗？"《诗经·大雅·文王》说："恭敬小心的文王，啊！持续光明，对人始终恭敬有礼。"作为人君，要做到仁爱；作为人臣，要做到恭敬；作为人子，要做到孝顺；作为父亲，要做到慈爱；与国人交往，要做到信义。《诗经·卫风·淇澳》说："看那淇水弯弯，绿竹儿婀婀娜娜；文质彬彬的君子，（为了提高自己的品德，）不停地切、磋、琢、磨。庄严啊！威武啊！轩昂啊！堂皇啊！那位文质彬彬的君子，永远不能忘记啊！""如切如磋"，讲的是

学^⑭也；如琢如磨者，自修^⑮也。瑟兮僩兮者，恂栗^⑯也；赫兮喧兮者，威仪也。有斐君子，终不可谖兮者，道盛德至善^⑰，民不能忘也。《诗》云^⑱："於戏！前王不忘。"君子贤其贤而亲其亲，小人乐其乐而利其利，此以没世不忘也。^⑲

讨论学问；"如琢如磨"，讲的是自己省察修养；"瑟兮僩兮"，讲的是使人畏惧；"赫兮喧兮"，讲的是堂皇的威仪；"有斐君子，终不可谖兮"，讲的是称道其德容表里之盛，已达到至善的境地，人民永远不会忘记他。《诗经·周颂·烈文》说："啊！前代圣王是不会被忘记的。"后代君子尊敬所应尊敬的贤人，亲近所应亲近的亲族；庶民享受所得到的快乐，利用所得到的好处，所以终生不会忘记前代圣人。

注 释

❶《诗》云：指《诗经·商颂·玄鸟》。这一首是宗庙祭祀歌功颂德之诗，歌颂殷商先王之德及其受命而有天下，具有神话色彩。

❷邦畿千里，惟民所止：国家疆域千里，人民就住在这里。

❸《诗》云：指《诗经·小雅·绵蛮》。

❹绵蛮黄鸟，止于丘隅：是《绵蛮》第二章的头两句。意思是：咕咕呱呱小黄鸟，歇在那边的山脚。绵蛮，鸟的叫声。黄鸟，一种小鸟，体黄，鸣声悦耳。丘隅，山丘的一角，因山势高峻，树木葱郁，人迹罕至，所以小鸟多止于此。

❺"子曰"以下：是孔子对《绵蛮》诗的解释。原诗的意思是：一个微贱者，以黄鸟作引子，希望得到别人的提携。而孔子却强调虽是小鸟也知道自己应该止在什么地方，那么人就更应该知道止于自己之所当止。

❻《诗》云：指《诗经·大雅·文王》。

❼穆穆文王，於缉熙敬止：这是《文王》第四章的开头两句诗。意思是：恭敬小心的文王，啊！持续光明不昧，对人始终恭敬有礼。穆穆，态度恭敬小心。於（wū），叹辞。缉，连续不断。熙，光明。

❽仁、敬、孝、慈、信，前面都有"止"字，要求发自内心，发自自己的真

实感情就算到家了。

⑨《诗》云：指《诗经·卫风·淇澳》，是卫人歌颂卫武公的风采和品德的诗。

⑩瞻彼淇澳，绿竹猗猗：这是《淇澳》开头的两句诗，意思是：看那淇水弯弯，绿竹儿婀婀娜娜。淇：水名。澳（yù）：河岸弯曲处。淇水边多竹，到汉代依然，所谓"淇园之竹"。猗猗（yī）：柔美茂盛的样子。

⑪斐（fěi）：文质彬彬，有文采的样子。

⑫如切如磋，如琢如磨：古时把骨器加工称切，象牙加工称磋，玉的加工称琢，石的加工称磨。

⑬瑟兮僩兮：庄严啊！威武啊！僩，音xiàn。赫兮喧兮：轩昂啊！堂皇啊！有斐君子，终不可谖兮：那位文质彬彬的君子，永远不能忘记啊！谖（xuān），忘记。

⑭道学：讨论学问。

⑮自修：自己省察修养。

⑯恂栗（xúnlì）：战战兢兢，戒慎恐惧的样子。

⑰道盛德至善：称道其德容表里之盛，已达到至善的境地。

⑱《诗》云：指《诗经·周颂·烈文》。这是祭祀宗庙时献给助祭诸侯的乐歌。

⑲於戏！前王不忘：这是《烈文》的最后一句，意思是：啊！前代圣王是不会被忘记的。《大学》引用来是说前王亲贤乐利，后世不忘。於戏，音义都与"呜呼"同。没世：指终身、一辈子。没，音mò。

说 解

朱熹认为这一章是申述"止于至善"的，所以按顺序安排为传的第三章。

本章和前两章一样，引用许多《诗》《书》上的话来阐释本书经意（尽管不是《诗》《书》上的原意）。先引《商颂·玄鸟》，表示物物皆各有其当止之处；次引《小雅·缉蛮》，又用孔子解释《缉蛮》的话，指出黄鸟尚且知所归止，作为万物灵长之人，更应知所归止。以上是强调了知止的重要。

接着引用《大雅·文王》，可见圣人之所归止，全是至善之地。然而所谓至善之地，并非远离世俗，遥不可及，而是内在于人伦日用之间。只要在为人处世上彰明发扬天赋的德性，由天赋的善性做主宰，就是至善。为君者诚能显发其德性，自然展现为仁，这个仁正是君道的至善；为臣者诚能显发其德性，自然展现为敬，这个敬正是臣道之至善；同理，孝为子道之至善，慈为父道之至善，信为与国人交之至善。由此可见，圣人之所以为圣人，是因为他在人伦日用之间，不但事事皆知其所止，而且事事皆能止于至善。

下面引用了《卫风·淇澳》，说明怎样才能止于至善和止于至善后的变化结果。所谓"如切如磋，如琢如磨"，是以切磋骨角、琢磨玉石为喻，说明止于至善的方法。凡治骨角玉石，必先切琢其形状规模，然后再加磋磨，使之平滑润泽，才算完成作品，使作品达到完美。想达到至善，首先要讲习讨论事事物物的至善之理，这就好比切琢的功夫。但是，规模方向粗定之后，还得尽力去实践，而且在实践过程中，必须时时省察修养，做到"克己复礼"，这就好比磋磨的功夫。"只要功夫深，铁杵磨成针"，功夫下到了就能止于至善。止于至善之后，自然内有严敬戒慎之心，外有庄严威武之容，万民自然敬畏仰望，不能或忘，这是止于至善之后的变化结果。

孔子教育弟子，就贯穿着切磋琢磨的精神。有一次子贡问老师："贫而无谄，富而无骄，何如？"孔子说："可也，未若贫而乐，富而好礼者也。"孔子肯定了子贡的话，但勉励他向更高的境界努力。子贡说"贫而无谄，富而无骄"，说明他是有操守的，不因贫富而改变自己的志向。但"贫而无谄"只是固穷，"富而无骄"只是消极的有所不为，还都有贫富之心。孔子鼓励他"贫而乐，富而好礼"，则已超脱贫富，达到了更高的精神境界。子贡由孔子的教导，想到《卫风·淇澳》，说："《诗》云：'如切如磋，如琢如磨。'其斯之谓与？"孔子对子贡的恰当的联想十分赞赏，说："赐也，始可与言《诗》已矣，告诸往而知来者。"（《论语·学而》第十五章）

本章最后引用《周颂·烈文》，说明前王既能止于至善，自对后王和百姓有深远的影响，使人不能忘记。前王事事都能止于至善，后世有德之士，闻其德业之盛，自然无比景仰；后王得享前王的基业，自然思念感激先人的覆育之恩；百姓得其保育，自然得享农耕之利和安居之乐。朱熹说："此言前王所以新民者。止于至善，能使天下后世，无一物不得其所。所以既没世而人思慕之，愈久而不忘也。"（《大学章句》注）

五

传第四章

【原文】

子曰："听讼，吾犹人也，必也使无讼乎①!"无情者不得尽其辞②，大畏民志③，此谓知本。

【译文】

孔子说："审理案件，我和别人差不多，必须使争讼案件完全消灭才好。"（根据下文，《大学》引用孔子这段话的意思与原意稍有出入。）这样，无理的一方也不再敢说出自己虚妄的理由，使民众非常畏服。这就叫作"知本"。

注释

❶此句见于《论语·颜渊》第十三章，意思是："审理案件，我和别人差不多，必须使案件完全解决才好。"《大学》在这里的解释有点硬往"知本"上拉，与原意不符。听讼，是听取诉讼双方说的话，以判决其是非对错。

❷情：实情。辞：这里指虚诞之辞。

❸畏：畏服。志：这里指自欺之志。

说解

这一章原来在上一章"与国人交，止于信"的下面。

朱熹认为这一章是申述"本末"的意思，所以安排为传的第四章。

但细看传文，认为法官能判定诉讼双方的是非对错，使人们畏服，再也不敢打官司，就叫"知本"——这种讲法，实在牵强。

从《论语》看，孔子认为解决诉讼的根本办法不在于法官的精明，而在于为政者实行德政。孔子说："为政以德，譬如北辰，居其所而众星共之。"(《为政》第一章) 在同篇的第三章说："道之以政，齐之以刑，民免而无耻；道之以德，齐之以礼，有耻且格。"孔子的主张是"知本"的，《大学》的说法违背了孔子的主张。你刑法再严厉，法官再精明，只能使"民免而无耻"，这是"知本"的办法吗？

对这一章，明儒早有批评。朱熹认为"此章之下有缺文"，所以没有把"知本"的道理说透。这种解释也难以自圆其说。

六

传第五章

本章解释格物致知。

【原文】

此谓知本①，此谓知之至也。

【译文】

这就叫作"知本"，这就是所谓的知无不尽。

注释

❶此谓知本：和上一章收尾的"此谓知本"重复。程颐认为其中一句为衍文。所谓衍文，就是书写或印刷中讹误多出的字句。既是衍文就应删除，究竟应删除哪一句？是上一句还是下一句？朱子认为应删除本章的"此谓知本"，而保留上一章的末句。

说解

这句原来在首章经文的最后一句"其所厚者薄，而其所薄者厚，未之有也"之后，在前面已经提示说明了。朱子从严格的结构观点看，认为传文既从"明明德"开始，逐一申述纲领之意，下面就应当开始阐述《大学》的条目。阐述《大学》的八条目，就应从格物、致知开始，而这里只有"此谓知之至也"，并无解释格物、致知的传文，所以朱子推断在此结语之上，应当有一段解说格物、致知的文字，而这段必不可少的文字，不知怎么就佚失了。这段文字的原貌已难考究，若让其空缺，《大学》八条目的解释又没有了开头。面对这种进退两难的困局，朱熹经过潜思深研、权衡轻重之后，决定依据程颐对"格物"和"致知"的理解，给格物和致知写了一段补传，附在正文之后。这就是后世所谓的《格致补传》，其文如下："所谓致知在格物者，言欲致吾之知，在即物而穷其理也。盖人心之灵，莫不有知；而天下之物，莫不有理。惟于理有未穷，故其知有不尽也。是以《大学》始教，必使学者即凡天下之物，莫不因其已知之理而益穷之，以求至乎其极。至于用力之久，而一旦豁然贯通焉，则众物之表里精粗无不到，而吾心之全体大用无不明矣。此谓物格，此谓知之至也。"

七

传第六章

本章解释诚意。

【原 文】

　　所谓诚①其②意者，毋③自欺也。如恶恶臭④，如好好色⑤；此之谓自谦⑥，故君子必慎其独⑦也。小人闲居为不善，无所不至，见君子而后厌然⑧，掩其不善，而著⑨其善。人之视己，如见其肺肝然，则何益矣！此谓诚于中，形于外，故君子必慎其独也。曾子曰："十目所视，十手

【译 文】

　　所说的一个人要使心意真诚，就是不要自己欺骗自己。一个人不自己欺骗自己，就像人闻到臭味就憎恶，见到好的事物就喜欢，这就叫作自己满足。所以，一个道德高尚的君子，在别人不知道只有自己一个人知道的时候，对自己的言行特别谨慎。小人就不这样。自己一个人无事闲居，就干一些坏事，甚至什么坏事都干得出来。但一旦遇见道德高尚的君子，就会表现出躲躲藏藏的样子，把恶行收敛掩藏起来，装出为善的样子让你看。（但装是装不出来的，必有破绽。）外人看你，看得清清楚楚，就像看到你的肺肝一样，装模作样是没有任何用处的。这就叫作"诚于中，形于外"（你心里实际是怎么样，必然要表现在外面）。所以，一个道德高尚的君子，在别人不知道只有自己一个人知道的时候，对自己的言行特别谨慎。曾子说："（你的言行）众人都看到了，（你干了坏事，）众人一定要指责你，这是十分可畏的！"一个人有了钱，就会把住房盖得很漂

所指，其严乎⑩！"富润屋，德润身⑪，心广体胖⑫，故君子必诚其意。

亮；一个人道德高尚，则能使身体得到滋润。一个君子，什么事都问心无愧，自然心胸开朗，身体安舒（这都是诚意的结果）。所以，君子一定要使自己的心意真诚。

注 释

❶诚：动词，使动用法。诚意，使心意真诚。

❷其：指示代词，不是泛指，而是特指，回指上文的事或人。本句是暗指前面的"一个人"。下文有"故君子必慎其独也"，"其"就回指上文的"君子"。

❸毋（wú）：不要，禁止之辞。

❹恶恶臭：憎恶臭味。上面的"恶"是动词，音 wù，讨厌、憎恶。下面的"恶"是形容词，音 è，恶劣、坏。恶臭，臭味。

❺好好色：喜欢美好的事物。上面的"好"是动词，音 hào，喜欢。下面的"好"是形容词，音 hǎo，美好。好色，美好的事物。

❻自谦：自己满足。郑玄认为"谦"当作"慊"（qiè），满足、满意。

❼独：人所不知而己所独知的境地。

❽厌然：躲躲藏藏的样子。不好意思见人。

❾著（zhù）：显著地表现。

❿十目所视，十手所指，其严乎："十目"和"十手"的"十"并非实数，是表示数量众多。其严乎，十分可畏的意思。

⓫富润屋，德润身：人有了钱，要把住房盖得很漂亮；一个人道德高尚，就使身体得到滋润。润（rùn），润泽、滋润，使有光彩。

⓬心广体胖（pán）：心胸开朗身体安舒。胖，安舒。

说 解

朱熹认为这一章是申述"诚意"的意思，所以安排为传的第六章。

　　看前后各章，谈一个条目时，都要和前后的条目相联系。如谈"致知"时联系"格物"，下面谈"修身"时联系"正心"。这一章谈"诚意"，依前后文例，应当申述"知至而后意诚"和"正心在诚其意"。但这一章的内容，却集中讨论什么是"诚意"，至于"诚意"和"致知"或"正心"的关系，并没有明确的交代。朱熹在这些方面，有相当详尽的补充和发挥。

八

传第七章

本章解释正心修身。

【原文】

　　所谓修身在正其心者，身①有所忿懥②，则不得其正；有所恐惧，则不得其正；有所好乐③，则不得其正；有所忧患，则不得其正。心不在焉④，视而不见，听而不闻，食而不知其味。此谓修身在正其心。

【译文】

　　所说的修身在于端正自己的心意，就是说心里怀有愤怒，心意就不可能端正；心里怀有恐惧，心意就不可能端正；心里怀有喜好，心意就不可能端正；心里怀有忧患，心意就不可能端正。身在而心意不在这里，就会看了却什么都看不见，听了却什么都听不到，吃了却不知道是什么滋味。这就是所说的修身在于端正自己的心意。

注 释

　　❶身：朱熹采纳程颐的说法，认为这个"身"字当作"心"。《大学》一书只提出"正心"，并没有说"正身"。同时"忿""恐惧"等都是心理活动，所以程颐和朱熹的意见是对的。但有许多学者认为不必改"身"为"心"也讲得通。

　　❷忿懥（zhì）："忿"和"懥"都是发怒的意思。

❸好乐（hàolè）：都是喜爱的意思。

❹心不在焉：（人在这里）心意却不在这里。焉，句尾语气词。这个"焉"相当于"于是"（在这里）。

说 解

经文说："欲正其心者，先诚其意。"随之而来的问题是"意既诚，心是否就正？"想解答这一问题，让我们先看看心何以不得其正。《大学》说，"有所忿懥"，"有所恐惧"，"有所好乐"，"有所忧患"，是使心不得其正的原因。所谓忿懥、恐惧、好乐、忧患都是人的感情在起作用。人是有感情的，人不能没有喜怒哀乐，有了喜怒哀乐而心意能加以化解，不留在心中，那么心就不会偏离正位。但是，人往往受喜怒哀乐情感的影响，想一些不该想的事，说一些不该说的话，干一些不该干的事，就使心偏离正位了。朱熹认为，心之所以不得其正，关键在于"有所"二字。这里所谓"有所"，就含有"有所固滞"的意思。心受情的影响有所偏执固滞，本来光明清澈的本心就昏暗不明了，所以无法居于主宰一身的正位。这样，意虽诚，譬如荆轲刺秦王，并不意味着他的心正。欲心正，必须时时省察，加强修养，不意气用事，使光明清澈的本心显发出来，居于主宰的地位。

反之，如果情感在自己身上起主宰作用，就会"视而不见，听而不闻，食而不知其味"。可见不正其心，就谈不到修身。

九

传第八章

本章解释修身齐家。

【原文】

　　所谓齐其家在修其身者，人①，之②其所亲爱而辟③焉，之其所贱恶④而辟焉，之其所畏敬而辟焉，之其所哀矜⑤而辟焉，之其所敖惰⑥而辟焉。故好而知其恶⑦，恶⑧而知其美者，天下鲜⑨矣。

　　故谚⑩有之曰："人莫知其子之恶，莫知其苗之硕。"⑪此谓身不修不可以齐其家。

【译文】

　　所说的齐其家在于修养好自身的品德，意思是说，一个人对于他所亲爱的人会有偏心，对于他所轻视讨厌的人会有偏心，对于他所敬畏的人会有偏心，对于他所怜惜的人会有偏心，对于自己所傲视怠慢的人会有偏心。所以，喜欢他又知道他的缺点的，讨厌他又知道他的好处的，这样的人普天下是很少的。

　　所以有一句谚语说："溺爱子女的人不知道自己孩子的缺点，贪得无厌的人不知道自家禾苗长得怎么好（长得再好也不满足）。"这就是说，不修养好自身的品德，就不能整治好自己的家庭。

注　释

❶人：指一般人。

❷之：介词，于、对于。和它的宾语"其所亲爱"组成介词结构，作句子的状语。以下四句同。

❸辟（pì）：偏，不公正。

❹贱：轻视。恶（wù），讨厌。

❺哀矜（jīn）：怜惜。

❻敖（ào）：同"傲"，不敬重。惰，怠慢。

❼好（hǎo）：喜欢。恶（è），不好、不美之处。

❽恶（wù）：讨厌。

❾鲜（xiǎn）：少。

❿谚（yàn）：民间流传的固定话语，往往简单通俗，但能反映出深刻的道理。

⓫硕（shuò）：巨大。

说 解

朱熹认为这一章是解释修身和齐家的，所以安排为传的第八章。

这一章可以分为两部分：第一部分从开头到"天下鲜矣"，指出了身不修的原因；第二部分引用谚语说明身不修不可以齐家。

一个家庭有许多成员，特别是在旧社会，大家庭多，祖辈几代生活在一起。这样，想把一个家庭管理好，的确并非一件易事。怎么办？用国法？用传统？用家规？封建家庭就是用这些办法把人都束缚死的。《红楼梦》中的许多悲惨故事，也是这样发生的，这就违背了儒家的主张。儒家要求长者要修身，"身修而后家齐"。在一个家庭里，只有父亲自己能教育自己时，才能产生孩子的自我教育。没有父亲的光辉榜样，一切有关儿童进行自我教育的理论，都将变成空谈。

从齐家的角度看，应该怎样修身？《大学》认为，一个人，特别是长者，在家里为人处世居心要正。我们对人的态度，往往是因为与对方的关系以及对方的地位、表现、处境而有所不同。《大学》说："人，之其所亲爱……所贱恶……所畏敬……所哀矜……所敖惰而辟焉。"真正把心摆正是很难的，往往陷于一偏，不是过，就是不及。例如，父子当主爱，但若陷于一偏，则为父者只知慈爱子女，即使子女做了坏事也加以袒护；而为子者只知孝父，即使为父者有不义也不加劝谏，这就违背了为父为子之道。平时对人，也常对自己所看不上的人攻其一点而不及其余。如此待人接物，则行为操守自难事事如理，而于德有所亏。己身不正，自然不能服人。你不修身，在家里不能以身作则，就不能齐家。要做到不因自己的喜好或厌恶而忽略他人的缺点或长处，是很不容易的。可是，若不能得好恶之平而陷于一偏，就会像谚语说的那样："人莫知其子之恶，莫知其苗之硕。"

前一章指出的忿懥、恐惧、好乐、忧患四者是就心上说。心不为四者所动，就得其正。本章指出的亲爱、贱恶、畏敬、哀矜、敖惰五者是就处事上说。待人接物对五者皆无所偏，是修身的成果。由此可以看出修身之难。

总括以上，修身这一条目有双重地位。对内而言，修身是格物、致知、诚意、正心的结果。修身必须靠这些内心修养，此外无他路可走。对外而言，修身是齐家、治国、平天下的起点和基础。八条目中，修身占一关键地位。所以《大学》的经文说："自天子以至于庶人，壹是皆以修身为本。其本乱而末治者否矣；其所厚者薄，而其所薄者厚，未之有也。"

十

传第九章

本章解释齐家治国。

【原 文】

　　所谓治国必先齐其家者，其家不可教^①，而能教人者，无之；故君子不出家而成教^②于国。孝者所以事^③君也，弟^④者所以事长^⑤也，慈者所以使众^⑥也。《康诰》曰："如保赤子^⑦。"心诚求之^⑧，虽不中，不远矣；未有学养子而后嫁者也。一家仁，一国兴仁；一家让，一国兴让；一人贪戾^⑨，一国作乱。其机^⑩如此。此谓一言偾^⑪事，一人

【译 文】

　　所以说治理国家必须先整治好自己的家庭，是因为自己的家人不能教化好，而能够教化好别人的，是没有的。所以，一个道德高尚的君子，不出家门却能够使国人受到教化。（家庭内部的教化是孝悌忠信、父慈子孝等，但推及社会，）孝敬是用来侍奉君主的（在家庭内受到"孝"的教育，到社会上自会忠于君主），尊敬兄长是用来侍奉长辈的（在家庭受到"弟"的教育，知道长幼、老少，到社会上自会尊敬长辈），慈爱是对待百姓的态度（在家庭内能爱家人，到社会上自会爱百姓）。《康诰》说：保护百姓就像母亲养育、保护婴儿一样。（对婴儿想要什么，都能体察到。）只要诚心诚意去探求，即使不能体贴入微，但也不会相差太远。（母亲爱护婴儿来自人的天性，不需要学习。所以，）从没有先学会养育孩子然后再嫁人的。一个家庭仁爱相亲，一个国家就

定国。尧舜帅天下以仁⑫，而民从之。桀纣帅天下以暴⑬，而民从之。其所令反其所好⑭，而民不从。是故君子有诸己而后求诸人，无诸己而后非诸人。所藏乎身不恕⑮，而能喻⑯诸人者，未之有也。故治国在齐其家。《诗》云⑰："桃之夭夭⑱，其叶蓁蓁⑲。之子于归⑳，宜㉑其家人。"宜其家人，而后可以教国人。《诗》云㉒："宜兄宜弟。"宜兄宜弟，而后可以教国人。《诗》云㉓："其仪不忒㉔，正是四国㉕。"其为父子兄弟足法，而后民法之也。此谓治国在齐其家。

会崇尚仁爱；一个家庭尊重礼让，一个国家就会崇尚礼让；一个君主贪婪暴虐，一个国家就会发生祸乱。事物的起因就是这样。这就叫作一句话就能败坏事情，一个人就能安定国家。尧、舜用仁爱统率国家，百姓就随之崇尚仁爱；桀、纣用残暴统率国家，百姓就随之崇尚残暴。君主下的命令和他喜好的相反（如桀、纣下仁爱的命令），百姓就不会听从。所以，道德高尚的君子，自己先做到了，然后才能要求别人；自己先去掉自身的缺点，然后才能批评别人。心里装的是损人利己的思想而能使别人明白推己及人道理的，是从来没有过的。所以，治理好国家在于整治好自己的家庭。《诗经·桃夭》说："小桃长得真姣好，绿绿的叶儿多秀茂。这位姑娘要出嫁了，家人的生活一定美好！"家人的生活美好，而后才可以教化国人。《诗经·小雅·蓼萧》说："兄弟间和睦相处。"兄弟间和睦相处，而后才可以教化国人。《诗经·曹风·鸤鸠》说："他的态度真端庄，是四方各国的好榜样。"君主家庭内部父慈子孝，兄友弟恭，足以为人效法，然后百姓才去效法。这就叫作治理国家在于整治好自己的家庭。

注 释

❶其家不可教：自己的家人不能教化好。家，家人。教，教化。

❷成教：完成教化（国人）。

❸事：侍奉。

❹弟（tì）：同"悌"。敬重兄长。

❺长（zhǎng）：长辈。

❻慈者所以使众：慈爱就是对待百姓的态度。

❼如保赤子：像保育婴儿那样去保育百姓。《康诰》篇作："若保赤子。"是周公告诫康叔的话，意思是要他保护百姓如同母亲养育保护婴儿一样。赤子，初生的婴儿。

❽心诚求之：诚心实意去做（保赤子）。

❾贪戾（lì）：贪婪乖张。

❿机：事物发生的原因。

⓫偾事：败事。偾（fèn），覆败。

⓬尧舜帅天下以仁：尧、舜都是古代的圣王明君。尧年老时把帝位让给舜。帅（shuài），领导。

⓭桀纣帅天下以暴：桀、纣都是古代著名的暴君。桀是夏朝的亡国之君。纣是商朝的亡国之君。

⓮其所令反其所好：自己下的命令和自己的喜好相反（残暴的国君却下仁爱的命令）。

⓯不恕：不能推己及人。

⓰喻：明了。这里是使动用法，使人明了，使人接受。

⓱《诗》云：指《诗经·周南·桃夭》，这两句诗在第三章，其本意在婚姻要及时。而《大学》引用此诗是把重点放在"宜其家人"，以为立教之本。

⓲夭夭：小而姣好。

⓳蓁蓁（zhēn）：茂盛美丽。

⓴之子于归：这个女子出嫁。归，女子出嫁。

㉑宜：和顺亲睦。

㉒《诗》云：指《诗经·小雅·蓼萧》，这是一首描写诸侯宴乐的诗歌。"宜兄宜弟"是用来赞美诸侯能够像兄弟一样和睦相处。《大学》引用此诗，是想阐述"君子不出家而成教于国"和"家齐而后国治"的道理。

㉓《诗》云：指《诗经·曹风·鸤鸠》，这是一首赞美贤人的诗歌。鸤鸠（shījiū）：古书上指布谷鸟。《大学》引用它，是赞扬君子用心没有偏向。

㉔其仪不忒：仪容操守不出偏差错失。仪（yí），仪容操守。忒（tè），偏差错失。

㉕正是四国：匡正四方的国家。诗的原意是赞美君子匡正四方国家（与齐家无关）。《大学》引用这两句诗，意在让大家知道正四方之国本于齐家。

说　解

　　朱熹认为这一章是解释齐家和治国的，所以安排为传的第九章。

　　古代治国主要抓两个方面：一是法令政制，一是礼乐教化。法令政制无疑是治国所必需，但单凭法令政制并不能使百姓愿意守法，以至于乐于守法。想使百姓愿意守法，甚至乐于守法，就必须通过礼乐教化。换言之，政令再好，仍得以教化为本。至于礼乐教化的施行，不能用普遍号召的简单办法，这样只能流于形式，难有成效。有效的办法是以家庭为起点，由近及远。先对家人施教，然后再推一国之人。施教者或是一家之长，或是一国之君，或是天下之主，其言行举止，对于家人或百姓总起着典范或榜样的作用。若施教者不能正其心而修其身，以至于言行不一，甚至有劣迹，那么上行下效，家人或百姓起而效法，必然使家、国、天下陷入混乱。相反的，施教者能正其心而修其身，言行均合于礼法，家人或百姓自然会起而效法，谨守礼法，如此，齐家、治国、平天下才有可能。

　　问题是，君子不出家何以能成教于国？就是一个上行下效吗？"上行下效"只是一个方法，归根结底，要把家人培养成为一个有道德的人。一个有道德的人，来到社会上，自会知道如何正确地待人接物，知道孝悌是做人的根本。孔子的弟子有若说得好："其为人也孝弟，而好犯上者，鲜矣；不好犯上，而好作乱者，未之有也。"（《论语·学而》第二章）孝悌之人对君主对国家必然竭忠尽职。在家里知道敬重哥哥、姐姐，到社会上自会知道有老有小，有长有幼，自会敬重长辈。在家里懂得父辈如何爱子女（不是溺爱），到社会上自会知道

"老吾老以及人之老，幼吾幼以及人之幼"。《大学》说："孝者所以事君也，弟者所以事长也，慈者所以使众也。"这样，在家庭受到良好的教育，到社会上就会起移风易俗的作用。所以，"君子不出家"就能够"成教于国"。

上面谈的是家齐而后国治的道理。这一章的另一个重点是如何治国的问题。

谈到"治国"，关键是统治者如何对待百姓的问题。关于君臣关系，孟子说得好："君之视臣如手足，则臣视君如腹心（臣加倍回报）；君之视臣如犬马，则臣视君如国人；君之视臣如土芥，则臣视君如寇仇。"（《孟子·离娄下》第三章）百姓对国君，态度也是如此。周成王封弟弟康叔时周公代成王告诫他，对待百姓要"如保赤子"。事实上，治国者果能爱民如子，就能体贴民心而足以使众。正如慈母之保育婴儿，婴儿虽然不会说话，但母亲的真诚慈爱之心，自能从婴儿细微的一静一动中了解其所需所欲。这慈爱之心，乃人性所本有，因此一个人一旦成为母亲，就会充分显发，不需而且不必经过学习就能领会。治国者若能推此母亲爱子的慈爱之心于民，自能体贴民心，想办法提高百姓的物质生活水平和精神生活水平。这样，百姓自会尽忠报国，而国之治则指日可待。

自成教的过程而言，从身之修到家之齐，再到国之治，是最自然不过的程序。所以说，"一家仁，一国兴仁；一家让，一国兴让"。说明家庭是国家的细胞，细胞健全了，肌体就会健康。但是我们必须看到，拿最高统治者来说，其影响不是一个家庭可比的。最高统治者仁爱，百姓也随之仁爱；最高统治者贪婪暴虐，百姓也随之贪婪暴虐。在封建专制的国度里，国家的治乱，常系于最高统治者的言行举止。所以，最高统治者必须谨言慎行，务求言行一致，凡要求百姓做到的，必须自己身体力行。这样，百姓才会心悦诚服地接受你的教化。

本章在谈完治国在齐其家和治国之道之后，又引三句诗，使人对上述道理，在反复吟咏之间心领神会，以期对其中的意味和义理有更深的契会体悟。

十一

传第十章

　　朱熹认为这一章是解释治国平天下的，所以安排为传的第十章。

　　这一章相当长。《大学》全书共 1546 个字，而本章是 681 个字，几乎是全书的一半。所以朱熹把它分为二十多个小节。元朝儒学家金履祥的《大学章句疏义》认为这二十多个小节之旨意，不过是一纲二目而已。一纲就是絜矩（jié jǔ），二目则分别为财利和君子小人。根据这个纲目，则全章可分为四大段：第一段反复申明絜矩与不絜矩之别；第二段就财利一目反复申述，以明絜矩与不絜矩之别；第三段就君子与小人一目反复申述，以明絜矩与不絜矩之别；第四段直言生财之道乃在用君子不用小人，综合财利和君子小人二目，以申明絜矩与不絜矩之别。这样的分析十分恰当。

　　为了使读者阅读和理解方便，本书按段把全章分为四部分说解。

【原文】

　　所谓平天下①在治其国者，上老老②而民兴孝，上长长③而民兴弟，上恤孤而民不倍④；是以君子有絜矩⑤之道也。所恶⑥于上，毋以使下；所恶于下，毋以事上；所恶于前，毋以

【译文】

　　所说的平定天下在于治理好自己的国家，就是说在上者敬重老人，百姓就会崇尚孝道；在上者尊敬长辈，百姓就会崇尚悌道；在上者怜恤孤儿，百姓就不会背弃你。所以，君子有以己心度人心的原则。如果对于在上者对自己的态度不满意，自己就不用这种态度对待下属；对于下属对自己的态度不满意，自己就不用这种态度

先后；所恶于后，毋以从前⑦；所恶于右，毋以交于左；所恶于左，毋以交于右；此之谓絜矩之道。《诗》云⑧："乐只⑨君子，民之父母。"民之所好好⑩之，民之所恶恶⑪之，此之谓民之父母。《诗》云⑫："节彼南山⑬，维石岩岩⑭。赫赫师尹⑮，民具尔瞻⑯。"有国者不可以不慎，辟⑰则为天下僇⑱矣。《诗》云⑲："殷之未丧师⑳，克配上帝㉑。仪监于殷㉒，峻命不易㉓。"道㉔，得众则得国，失众则失国。

对待在上者；自己厌恶前面人的地方，就不加于后面的人；自己厌恶后面人的地方，就不用来对待前面的人；自己厌恶右边人的地方，就不用来对待左边的人；自己厌恶左边人的地方，就不用来对待右边的人；这就是推己心度人心的原则。《诗经·南山有台》说："欢乐吧君子，你是百姓的父母。"百姓所喜欢的，自己就喜欢；百姓所憎恶的，自己就憎恶，这就叫作百姓的父母。《诗经·节南山》说："高耸的那终南山，积石啊，多又险。威风显赫的尹太师，百姓都在仰望你。"统治国家的国君，不可以不谨慎。一旦有所偏向而失掉公正，就要被百姓杀戮。《诗经·文王》说："殷朝未失去民众支持时，其德能够与天帝相媲美。应该以殷朝为借鉴，保有天下实非易事。"诗的意思是说："得众，则得国；失众，则失国。"

注　释

❶天下：古时的天下有时指一个国家，有时指全中国，所谓积家成国，积国成天下，并不指全世界。这里指全中国。

❷老老：前面的"老"字是动词，是敬重的意思；后面的"老"字是名词，指老人。

❸长长：前面的"长"字是动词，表示尊敬的意思；后面的"长"字是名词，指长辈。都音 zhǎng。

❹倍：违背。"倍"字原初的含义就有"违背"的意思。

❺絜矩（jiéjǔ）：絜，度量。成语有"度（duó）长絜大"，意思是比较长短大小。矩，绘画方形的用具，俗称"方尺"，其角为九十度。画九十度角，或测量物体的角是否九十度，用方尺一量便知。絜矩之道，是一种比喻的用语，指以己心度人心，就会得出公正的想法，不致出偏差，就像用方尺测量物体的角是否九十度一样准。只要与方尺一致，必是九十度，没有差错。

❻恶（wù）：憎恶。

❼前、后：这里"前后"并用，可以指时间，也可以指位置。从上下文来看，"前后"理解为方位也通。这样，体例也一致了。

❽《诗》云：指《诗经·小雅·南山有台》，是赞颂有德君子的诗。

❾只：语气词，并无实义。

❿好："所好"的好和"好之"的好都是动词，音hào，是喜欢的意思。

⓫恶："所恶"的恶和"恶之"的恶都是动词，音wù，是"憎恶""讨厌"的意思。

⓬《诗》云：指《诗经·小雅·节南山》。本诗原是讽刺周王重用师尹，致使天怒人怨。《大学》引用此诗的意思是在上者为人所瞻仰，所以必须谨言慎行，以为百姓的典范。

⓭节彼南山：那高耸的终南山。南山，即终南山，在今陕西省。西周的首都在镐京，今陕西省西安市西南。

⓮维石岩岩：积石啊，多又险。维，发语词。岩岩，积石多而险。

⓯赫赫师尹：威风显赫的尹太师。赫赫，威风显赫。太师属三公，权大势大。

⓰民具尔瞻：百姓都在仰望你。具，同"俱"。

⓱辟：偏向，不公正。

⓲为天下僇（lù）：成为天下的罪人，为天下人所诛灭。僇，同"戮"，诛杀。

⓳《诗》云：指《诗经·大雅·文王》。本诗原意是说殷未失天下之时，其德足以配乎天地。今其子孙丧德败行，立即丧失天下。可见得天下不易，保天下更难。《大学》引用此诗的意思是在得众则得国，失众则失国，与原意稍有

不同。

❷丧师：失去民众的支持，不是丧失军队的意思。

❷克配上帝：其德能够和天帝相媲美。克，能够。配，匹配、媲美。

❷仪监于殷：应该以殷朝为借鉴。仪，《诗经》原作"宜"，是"应该"的意思。监，《诗经》原作"鉴"，意思是作为借鉴，引以为戒。

❷峻命不易：保有天下实非易事。峻命，大命。古代帝王常将之所以得天下，归于上天的授命。

❷道：动词，说。上面所引的诗句是"说（道）"得众则得国，失众则失国。

说　解

想平定天下，首先要治理好自己的国家，如果连自己的国家都治理不好，怎么能使天下平定？治理好自己的国家，当然需要从各方面努力，最重要的一个原则就是以己之心，度人之心，即己所不欲，勿施于人。如果你以此为原则来制定和推行政令，这就是所谓的"絜矩之道"。以絜矩之心，行絜矩之政，则普天之下百姓虽众，都将心悦诚服地来效法你，把你看成自己的父母，这就离平天下不远了；反之，若不能行絜矩之道，而是徇一己之私，逆人心之同，则将成为百姓的罪人。为民父母，就会得到百姓的拥戴而保有天下；成为百姓的罪人，就会失掉百姓的支持而丧失天下。絜矩或不絜矩的结果，差距之大如此。这不仅从理论上说是正确的，也是为大量历史事实所证明了的。

这一部分是阐释治国平天下之纲，即"絜矩之道"。这是把孔子的恕道应用到治国上，其实质就是行德（仁）政。

【原文】

是故君子先慎乎德①。有德此有人②，有

【译文】

所以君子先要谨慎地修养自己的德行。品德高尚、善良，就会得到百姓的拥护；有人此有土，有土此有财，有财此有用③。德者本也，财者末也。外本内末④，争民施夺⑤，是故财聚则民散，财散则民聚。是故言悖⑥而出者，亦悖而入；货悖而入者，亦悖而出。《康诰》曰："惟命不于常⑦。"道善则得之，不善则失之矣。

了百姓的拥护，就能保有土地；有了土地，就能拥有财富；有了物质财富，国家的经费、用度就有了保障。可见德行是根本，财富是末节。轻视根本而重视末节，就会使百姓起来争夺财富，就是对百姓进行了抢夺的教育。所以，财富积聚了，百姓就会离散；财富分散了，百姓就会集聚。你说出违背道义的话，百姓就会相信违背道义合理。你违背道义聚敛财富，也会违背道义地花出去。《康诰》说："上天不会恒常不变地把天下授予一人一姓。"善良的人就能得到天命，不善良的人就会失去天命。

注　释

❶德：德行。从下文看，应指"明德"，即天赋予人的善性。

❷有德此有人：（在上者）品德高尚、善良，就会得到百姓的拥护。此，不是代词，是语气词，相当于"则"。有人，得到百姓的拥护依附。

❸有财此有用：有了财富，国家的经费用度就有了保障。

❹外本内末：轻视根本而重视末节，即轻德重财。根据上文："德者本也，财者末也。"

❺争民施夺：（在上者，以德为外，以财为内，就会）使百姓起来争夺财富，就是对百姓进行了抢夺的教育。争，使动用法，使争。

❻悖（bèi）：违背（道义）。

❼惟命不于常：上天不会恒常不变地把天下授予一人一姓。

说　解

这一部分是阐述"德者本也，财者末也"，以明絜矩与不絜矩之别。

在上者必须谨慎地修养自己的德行，不受私欲蒙蔽，然后能推己及人。能推己及人，自会得到百姓的拥护而保有土地；百姓既保有了土地，又乐于耕作，则物资自然充裕，足以供应国家的用度、经费。可见德是根本，财富是末节。若颠倒本末，轻视根本而重视末节，轻德重财，不惜搜括民财以聚敛个人财富，百姓就会起而效法，争财夺利。结果，不但会失去财富，更会失去百姓的拥护，以致丧失天下。

【原 文】

《楚书》①曰："楚国无以为宝，惟善以为宝。"舅犯②曰："亡人③无以为宝，仁亲以为宝。"《秦誓》④曰："若有一个⑤臣，断断兮⑥，无他技⑦，其心休休焉⑧，其如有容⑨焉。人之有技，若己有之。人之彦圣⑩，其心好之，不啻⑪若自其口出，寔⑫能容之，以能保我子孙黎民，尚亦⑬有利哉！人之有技，媢疾以恶之⑭。人之彦圣，而违之俾不通⑮。寔不能容，以不能保我子孙黎民，亦曰殆⑯哉！"唯仁人，放流⑰之，迸诸四夷⑱，不与同中国⑲。此谓

【译 文】

《楚书》上说："楚国没有什么可以当作宝贝的，只有把善良当作宝贝。"晋文公的舅父狐偃说："流亡国外之人没有什么可以当作宝贝的，只有把仁爱亲人当作宝贝。"《秦誓》说："如果有这样一个大臣，对国君忠诚专一而没有别的技能。他乐善宽容，有容人之量，别人有技能，就如同自己拥有一样；别人才德出众，通情达理，自己就从心里喜欢；不只是口头上经常称赞，而且从内心里确实很喜欢。任用这种人，为了保护我的子孙和黎民百姓，是有利的。（反之，）别人拥有技能，就嫉妒而憎恨；别人才德出众，通情达理，就阻挠而不使在上者知道，这种人是不能容留的，因为这种人不能保护我的子孙和黎民百姓，这种人是很危险的。"只有仁德的国君会流放这种嫉贤妒能心胸狭窄的人，把他们驱逐到四方边境的落后地区，不让他们住在中国。这就是说，只有仁德的人能够爱护

唯仁人为能爱人，能恶人。见贤而不能举，举而不能先，命也^⑳。见不善而不能退，退而不能远，过也。好人之所恶，恶人之所好，是谓拂^㉑人之性，灾必逮夫身。是故君子有大道^㉒，必忠信以得之，骄泰^㉓以失之。

好人，憎恶坏人。见到贤德的人而不能举荐，或者举荐了却不能早早任用，这就是怠慢；见到坏人而不能斥退，斥退了而不能尽量远一些，这就是过失。喜欢别人所厌恶的，厌恶别人所喜欢的，这就叫作违背人的本性，灾害必定会落到他的身上。所以，君子有修身治人的大原则，就是必须以忠诚信义来争得民心；反之，自傲放纵，只知有己，不知有人，就会失去民心。

注 释

❶《楚书》：楚国的史册。郑玄认为是楚昭王时的史书。这里所说的"惟善以为宝"的"善"，显然是指贤人。

❷舅犯：春秋五霸中的晋文公的母舅狐偃，狐偃字子犯，故又称舅犯。晋献公宠骊姬，杀太子申生，重耳（后来的晋文公）奔翟，后又到齐、卫、曹、宋等国，狐偃跟随文公19年。周襄王十六年（前636），文公自秦入晋，自立。后来文公定王室霸诸侯，大抵都出自狐偃的谋略。狐偃是一位很有政治见地的人。

❸亡人：流亡国外的人。这里指晋文公重耳。

❹《秦誓》：《尚书·周书》的一篇。秦穆公要去攻打遥远的郑国，蹇叔劝穆公不要劳师袭远，否则，必定失败。秦穆公不听，出兵去攻打郑国。晋国援助郑国，把秦国打败，这就是有名的殽之战。秦穆公追悔莫及，写了这篇誓词以告国人。文中所说容贤利国者，实指蹇叔。接着所说妨贤害国者，不知指何人。

❺个：《秦誓》原作"介"。古籍中"个""介"二字常因形近而错用。这里当作"个"。

❻断断：忠诚专一的样子。今，《秦誓》作"猗"，语气词。

❼他技：其他的技艺才能。

❽休休：乐善宽容的样子。

❾有容：有容人之量。

❿彦圣：才德出众、通情达理的人。彦（yàn），古代指有才德的人。圣，通情达理的人。

⓫不啻（chì）：不止，不但。

⓬寔（shì）：《秦誓》原作"是"。孔颖达的《礼记正义》引述此语时作"实"。旧注多认为"寔""实"二字通用，音义俱同。

⓭尚亦：差不多。尚，庶几、差不多。《秦誓》原作"亦职"。

⓮媢疾以恶之：嫉妒而又厌恶。媢（mào）疾，嫉妒。

⓯违之俾不通：阻挠而不使在上者知道。违，阻挠。俾（bǐ），使。

⓰殆：危险。

⓱放流：即流放。

⓲迸诸四夷：驱逐到四方边境落后地区。迸（bǐng），排斥、斥逐，音义同"摒"。四夷，指四方边境落后地区。

⓳不与同中国：不与他同住在中国，即不让他住在中国。中国，指华夏文化发源和传播的地域，不是指国家。

⓴命：郑玄认为是"慢"字之误，程颐认为当作"怠"。

㉑拂（fú）：违背（别人的意图）。

㉒大道：这里指修己治人之术。

㉓骄泰：自傲放纵，只知有己，不知有人。

说 解

凭一个人的力量想治国平天下，事实上是不可能的。因此，作为一国之君想治国平天下，推行絜矩之政，必须任用有德的君子，远离卑鄙的小人。这已是为历史事实所证明了的千真万确的真理。

有德的君子，即使本身没有什么超人的才能，也乐善而有容人之量。他发现任何有才能的人，即使这个人的才能远远超过自己，也乐于举荐，但求能保护子孙后代，造福万民。卑鄙的小人就不同了。他们心胸狭窄，妒贤嫉能，唯恐别人抢走自己的高位；所以，遇见有才能的人，就会嫉妒，不惜中伤他，压制他，使他得不到重用，以保住自己的权势地位。因此，为政者必须爱护重用贤人，斥逐小人，才符合百姓的心意和利益。一国之君若徇于一己之私，失去好恶的正确尺度，亲小人，远君子，他的好恶就违背了百姓的好恶，以致失去民心。得不到百姓的拥护，不要说平天下不可能，恐怕保有天下也困难了。所以，为君者当本其絜矩之心，公正无私地对待君子和小人，重用才德出众且通情达理的君子，使他们能在政治上充分发挥作用，使卑鄙的小人没有得逞的可能，然后絜矩之政才能实现。

这一部分是通过一国之君是亲君子远小人，还是亲小人远君子，以申明絜矩与不絜矩之别。

【原文】

生财有大道，生之者众，食之者寡①，为之者疾②，用之者舒③，则财恒足矣。仁者以财发身，不仁者以身发财④。未有上好仁而下不好义者也；未有好义，其事不终⑤者也，未有府库⑥财非其财者也。孟献子⑦曰："畜马乘⑧，不察于鸡豚⑨；伐冰之家⑩，不畜牛羊；百乘之家⑪，不畜聚敛之臣⑫。与其有聚敛之臣，宁有盗

【译文】

增殖财富有一个大原则，就是要生产的人多，只吃饭不干活儿的人少。创造财富要迅速，使用财富要舒缓。这么做才能使国家财富经常保持充足。仁德的人是靠财富来提高自己的身心，不仁德的人是靠身心去发财。没有一国之君喜好仁德，而臣下不讲求道义的；没有讲求道义的人，事业不能善始善终的。这样，没有府库的财货不是国家的财货（不会被小人贪污和浪费）。孟献子说："拥有马匹车乘的官吏，就不要计较喂养鸡猪之类的琐事；丧祭礼仪上可以用凿冰的卿大夫，就不要饲养牛羊（不要与民争利）；拥有百辆兵车的大夫，就不要任用聚敛民财的家臣。与其有聚敛民财的家臣，宁愿有盗窃公物的家臣。"这就是说，国家不是以财

臣⑬。"此谓国不以利为利，以义为利⑭也。长⑮国家而务财用⑯者，必自小人⑰矣。彼为善之⑱。小人之使为国家⑲，灾害并至；虽有善者，亦无如之何矣。此谓国不以利为利，以义为利也。

货之利为利，而是以道义为利。一国之君统治国家而专门致力于聚敛财富，一定是听信了小人的话和小人出的主意。小人就擅长聚敛财富，如果叫小人管理国家大事，那么天灾人祸就一定会同时到来。到那时，即使有德才兼备的人，也没有办法加以挽救了。这就叫作国家不是以财货之利为利，而是以道义为利。

注 释

❶食之者寡：只吃饭不干活儿的人少。寡，少。

❷疾：快速。

❸舒：舒缓。

❹仁者以财发身，不仁者以身发财：仁德的人是靠财富来提高自己的身心（如修养品德、用财富做造福百姓的事情、得到百姓的赞誉等），不仁的人，是靠身心去发财。

❺终：善始善终。

❻府库：国家贮藏财物的地方。

❼孟献子：鲁国的贤大夫，仲孙氏，名蔑（miè），献子是他的谥号。

❽畜马乘（shèng）：拥有马匹车乘的官吏，指刚步入仕途的士子。畜，具备、拥有。乘，古时一车四马为一乘，指用四匹马拉的车。

❾察：斤斤计较。

❿伐冰之家：古时卿大夫以上丧祭时才可以用冰。伐，凿。

⓫百乘之家：指有封地采邑的公卿。因为这些公卿可各拥有兵车百乘，所以叫作百乘之家。

⓬聚敛之臣：为公卿搜刮百姓财富的家臣。

⑬盗臣：侵占盗取公卿的财物的家臣。

⑭不以利为利，以义为利：不以财货之利为利，而以道义为利。第一个"利"指财货。

⑮长（zhǎng）：动词，做国家的君长。

⑯务财用：致力于聚敛财货。

⑰必自小人：一定是听信了小人的话、小人出的主意。

⑱彼为善之：指擅长聚敛财货。朱熹认为这句话上下疑有缺文误字。彼，指小人。善，擅长。

⑲小人之使为国家：使小人管理国家大事。

说　解

　　国家的存在，必须有经费的支持。一个国家富了，国势才能强（形容国家的强大常用"富强"二字）。怎样才能使国家富强？道理很简单：一个是干活的人多，白吃饭的人少；一个是生财要快，花钱要慢。但是，历史事实告诉我们，国家富了，并不一定强，关键是一国之君怎样取得这些财富，怎样使用这些财富。仁德的国君，用财富提高自己的品德，讲求道义，用财富造福人民。这样，臣民自会讲求道义，干什么事都会善始善终。反之，为君者若只求满足一己之私欲，积聚的财货只为供一己之用。这样的昏君重用的臣下，必定是能够为他聚敛财货的小人。既然不能取之于民用之于民，则百姓不但不会勤奋劳作，反而要与他争夺财货之利。结果，财富不但不能充足，还会招致祸乱败亡。所以，把义放在前面，则从为君者到黎民百姓都会得到福利；把利放在前面，则从为君者到黎民百姓都会遭受祸乱。所以，为君者必须谨慎其言行，以民之好恶为其好恶。这就是絜矩之道，也就是治国平天下之达道。

　　这一部分直言生财之道乃在国君用君子不用小人，综合财利和君子小人二目，以申明絜矩与不絜矩之别。

　　传的第十章是谈想治国平天下，必须行絜矩之道。这里有一个实际问题，就是治国平天下，不是用嘴一说就能做到，必须有财政开支，而且数额巨大。

这数额巨大的开支，在经济不发达的社会，主要是出自百姓身上。"财"者，人之所同好。向百姓征税，就违背了百姓的心愿。所以，本章强调了"财"的问题，这是影响行絜矩之道的实际问题。在这种情况下，在上者怎样行絜矩之道？《大学》提出：首先，"君子先慎乎德"，认清"德者本也，财者末也"，千万不能"外本内末，争民施夺"。其次，任人唯贤，亲君子远小人。最后，在政治措施上，要不以利为利，而应以义为利。

不要认为古代的絜矩之道已经过时。"絜矩之道"不只是在为政上，在为人上也是应该遵守的。传文说得好："所恶于上，毋以使下；所恶于下，毋以事上；所恶于前，毋以先后；所恶于后，毋以从前；所恶于右，毋以交于左；所恶于左，毋以交于右，此之谓絜矩之道。""絜矩之道"实质上就是"恕"道。在今天，恕道已被世人视为"伦理金律"。

中庸

引 子

　　《中庸》原属《礼记》的第三十一篇，现在已独立成书，所以就遇到了和《大学》同样的问题：它是怎样独立成书的？文章的作者是谁？"中庸"一词的含义是什么？等等，下面就简单作一介绍。

一、《中庸》是怎样独立成书的

　　《中庸》原是《小戴礼记》中的第三十一篇。它的重要意义，很早就引起了人们的注意。作为一篇文章，汉以后就有人对它进行研究。《汉书·艺文志》中记有《中庸说》二篇，《隋书·经籍志》记有南朝宋的戴颙的《礼记·中庸传》二卷，南朝梁武帝有《中庸讲疏》，唐朝李翱有《中庸说》一卷。以上各书都没有传下来，而李翱关于《中庸》的研究，在他所著的《复性书》三篇中可以见到。他是我们已知的第一个能深入研究《中庸》的人，对后来宋儒的推尊《中庸》，有首开风气的功劳。到了宋朝，研究《中庸》的人渐多，如胡瑗、司马光等，都有关于《中庸》的研究著作。宋代大儒程颢、程颐更是大力推尊《中庸》，说《中庸》是孔门传授的心法，他们对《中庸》的义理有许多讨论。南宋的朱熹继承二程的思想，表彰《中庸》不遗余力。他合《中庸》《大学》《论语》《孟子》而成"四书"，这应是《中庸》独立成书的开始（请参看《大学说解·引子》的第一部分）。朱子作有《中庸章句》，是他所著《四书集注》中《中庸》的注解。而《四书集注》是宋以后学者必读的，于是《中庸》也因而被认为是儒学的根本典籍。

二、《中庸》的写成时间及作者

汉司马迁认为《中庸》是孔子的孙子孔伋（子思）所作。《史记·孔子世家》说："伯鱼（孔子之子孔鲤）生伋，字子思，年六十二。尝困于宋。子思作《中庸》。"东汉郑玄也认为《中庸》是子思所作。《礼记正义》引郑玄《目录》说："《中庸》者……孔子之孙子思作之，以昭圣祖之德。"到了宋代，程子和朱熹都认为《中庸》传自孔门，成于子思，而由子思传给孟子。后来学习《中庸》的人，一般都认同程、朱的说法。实际上，程、朱的说法是本于他们对儒学道统传承的看法和《史记·孔子世家》的意见，并没有可靠的根据。

如果认为《中庸》的作者是子思，则《中庸》的成书应在孟子之前，即战国初期（孟子受业于子思之门人）。但自宋代起，就不断有人对子思作《中庸》之说提出怀疑。如欧阳修、叶适以为《中庸》说理高深玄虚，恐非传自孔门。陈善、王柏则怀疑《中庸》文中杂用后儒的意见，不全是子思的思想。到了清代，认为《中庸》非子思所作的人更多，他们也都提出了很有说服力的意见。如清朝著名的辨伪学者崔述提出三条意见，其中一条认为：就文体论，《论语》之文简而明，《孟子》之文曲而尽，而《中庸》之文繁而晦；上去《论语》绝远，下犹不逮《孟子》。就文体看，确是如此。

近人有人认为《中庸》二十八章中，有"今天下车同轨，书同文，行同伦"句，认为这是秦始皇统一天下后才有的现象，所以《中庸》的成书应在秦统一天下之后，距子思时代已有二百多年，所以《中庸》不可能是子思的作品。这种说法似乎很有说服力，但考诸历史，似未必然。《左传·隐公元年》就有"同轨毕至"的话，可知"车同轨"并不是秦始皇以后才有的现象。而书写文字的相同，也说明不了什么，因为在春秋时许多诸侯国就已经使用统一文字（篆书）了，并不是秦始皇统一天下后文字才得以统一的。所以，在子思时说"车同轨，书同文"，并不是不可能的。

综上所述，可见《中庸》的作者及其写成的年代，是很难判定的，但从《中庸》的文体及其所提出的思想观念来看，其写成应晚于孟子，大概是战国晚期以至秦汉之际的子思、孟子一系的儒者所作。

三、"中庸"一词的含义

我国自古就重视"中"，如《易经》六爻，以二、五居中之爻为善爻、正位，把不偏不倚之"中"，视为天下之正道；在人身上，则把"中"作为人的内心极重要的德行。《论语·尧曰》第一章："尧曰：'咨！尔舜！天之历数在尔躬，允执其中。四海困穷，天禄永终。'舜亦以命禹。"（尧说："啧啧！舜啊！按照上天所定的继承顺序，帝位就在你身上了，要诚实地坚持那中正之道。假如天下百姓陷于困苦贫穷，上天赐给你的禄位，也就永远地终止了。"舜也用这些话嘱咐禹。）"允执其中"的"中"，应该是指内心之德。

"中庸"一词最早见于《论语·雍也》第二十九章："中庸之为德也，其至矣乎！民鲜久矣。"（中庸作为一种道德，该是最高尚的了！人民缺少这种道德已经很久了。）

"中庸"一词应该怎样讲？

朱熹解释说："中者，无过无不及之名也；庸，平常也。"程颐解释说："不偏之谓中，不易之谓庸。"（均见《中庸章句》）按程、朱的解释，不偏不倚、无过无不及叫作"中"，始终如一、保持经常叫作"庸"。

有人认为孔子说"中庸之为德","中庸"两个字恐怕不像程、朱两人说得那么简单。的确,"中庸"之为至德,有着极为深厚的内涵。拿"中"来说,据《朱子语类》和《中庸章句》,朱熹认为"中庸"的"中"字有两种含义:"在中"和"时中"。《中庸》说:"喜怒哀乐之未发,谓之中。"喜怒哀乐未发时,是人性处于本然状态,是无过无不及,这名之为"在中"。"发而皆中节",人产生了喜怒哀乐之情,虽已发,但在言行上不过火,恰到好处,不偏不倚,这叫作"时中"。朱熹认为《中庸》的书名是取"时中"之"中"。但是,人之言行所以能做得恰到好处,是因为心中有未发之"中"在。应该说,未发之"中"是体,时中之"中"是用。《论语》"中庸之为德"的"中",应该是时中的"中"。

拿"庸"来说:朱熹把"庸"讲成"平常",而程颐把"庸"讲成"不易",到底哪个讲法对?两种讲法都没有错。因为是"平常",所以才不可变易;如果不是平常,那就不能长久,必定要改变了。朱熹说"庸"的意思是"平常",那"不易"的道理自在其中了。佛家有一句偈语说得好:"世间万事不如常,又不惊人又久长。"

"庸"的性质是"平常","庸"的特点是"不易"。程、朱二人都没有解释错。

按程、朱的讲法,"中"和"庸"是两个概念,孔子为什么把它们合在一起说"中庸之为德也,其至矣乎"呢?这是因为"中"和"庸"可以分开讲,但其关系是统一的,不可分离。朱熹在《朱子语类》卷六十二说:"中、庸只是一个道理,以其不偏不倚,故谓之中;以其不差异可常行,故谓之庸。"没有中而不庸者,也没有庸而不中者。盛夏喝冷饮,穿单衣,扇扇子是"中",也是

"常"（庸）；冬天喝热汤，穿棉衣，是"中"，也是"常"（庸）。热爱祖国是"中"，也是"庸"；孝敬父母是"中"，也是"庸"。"中庸"二者合起来是一个道理，意义才完满，只用一个就不周全了。

四、《中庸》是如何分章的

东汉郑玄编的《礼记注》中的《中庸》并没有分章，也不分卷，而孔颖达的《疏》则分为两卷三十三章。北宋《二程全书》所载的《中庸解》则分为三十六章。朱熹的《中庸章句》分为三十三章，但每章的长短和孔颖达分得并不一样。孔颖达的分法有时脱离内容，毫无头绪。而朱熹是根据内容分的，章的长短不同，有几章还加上了简单的说明，全书层次分明。朱熹认为《中庸》三十三章，大致可分为六大节。

朱熹对《中庸》的原文及编排次序并没有改动，也没有修补，所以《中庸》不存在《大学》那样的原本和改本的问题。

后世研究《中庸》的人，大都同意朱子的分法。也有人不同意，另作主张，但相比之下，还是朱熹的分法合理。

五、《中庸》是一部什么性质的著作

《中庸》是一部什么性质的著作？人们认为"中庸"是人的一种品德，特别是孔子说过："中庸之为德也，其至矣乎！民鲜久矣。"（《论语·雍也》第二十九章）实际上，《中庸》不是研究人的品德的，而是一部重要的哲学著作。

一提哲学，特别是古代哲学，人们往往首先想到的是西方的苏格拉底、柏拉图、亚里士多德等大哲学家。中国古代有哲学吗？有大哲学家吗？有！中国是一个文明古国，有五千多年的历史，中华

民族的文化自成体系。宗教与哲学是构成一种文化的基本成分。任何一个文化体系，都有它的哲学，否则它就不成其为文化体系。不过，中国哲学与西方哲学不同。

西方最初的哲学家都是自然科学家，特别着力于宇宙根源的探索，后来也注重人事方面。然而，他们是以对待自然的方法对待人事，他们的美与善是出自对客观事物的分析、评价，与真正的道德无关。

中国的古典哲学，历史悠久，丰富多彩，主要的有儒家哲学、老庄哲学、魏晋玄学、宋明理学等。但历史最悠久，成为中国哲学主流的，是儒家哲学。

中国哲学的着重点是生命与德行。一谈到生命，就想到人活着能吃能喝能延续后代的生命，这只是自然生命。作为人，还有一种生命，就是基于良心，进行道德实践的生命，如孝敬父母、爱护百姓、尽忠社会等。而儒家重视的，是道德实践的生命。

了解中国哲学思想的钥匙是古代的经典。

如《左传·成公十三年》："刘子（康公）曰：'吾闻之，民受天地之中以生，所谓命也。'"刘康公这里所说的"中"，后来就转而为《中庸》的第一句"天命之谓性"了。它充分地说明了人与天地的合一的关系，并道出了天的超越的意义。

再如《诗经·周颂·维天之命》说："维天之命，於穆不已。於乎不显，文王之德之纯。"天命的性格是"於穆不已"（深远，无穷无尽）。这是一个重要观念，天在这里不是人格神，而是一个形而上的实体。很显然，"文王之德之纯"，受于"於穆不已"的天之命，即天命下贯而为性。人的善良的本性，是天赋予的。《诗经·大雅·烝民》更直接地讲明这个道理："天生烝民，有物有则。民之秉彝，好是懿德。"（上天生下众百姓，有本体呀有法则。人民顺着那上天给的常性，爱好这样的美德。）

以上所引的经典文字，代表了我们民族传统的老观念，是中国自古以来人们共同认可的意识趋向。这一意识趋向，决定了中国思想的中点与重点不落在天道本身，而落在性命与天道相贯通上。如是，自不能不重视"主体性"，自不能不重视如何通过自己之觉悟以体现天道——性命天道相贯通的天道。

儒家哲学正是继承发展了这一传统。孔子的哲学表现在《论语》里。孔子在《论语》里，暂时撇开从天命天道说性的这一老传统，而是别开生面，从主观方面开辟了仁与圣的生命领域。孔子以仁为主，以仁为最高境界。此时仁的意义最广大，一切德均藏于其中。

《论语》中关于性与天道谈得不多。子贡曾说："夫子之文章可得而闻也；夫子之言性与天道，不可得而闻也。"（《公治长》第十三章）但必须知道，孔子对性与天道默契极深。他五十而读《易》，至韦编三绝（《史记·孔子世家》），而且又盛赞《易》："加我数年，五十以学《易》，可以无大过矣。"（《述而》第十七章）显然，孔子对《易经》曾下过很大功夫。《易经》的中心就是性与天道，因此，孔子对性与天道有很深的研究。

然而，性与天道并非孔子所开辟的思路，他所开辟的思路是仁与圣。只是大圣大智的孔子开辟仁的思路，绝不可能停顿在人的道德品质层次上。中国的老传统必然决定着他的思想走向。孔子"五十而知天命"（《为政》第四章），他在谈论仁与圣时，必已有一种内心的超越企向。孔子是怎样对待性与天道呢？孔子说："下学而上达。知我者其天乎！"（《宪问》第三十五章）这里的"学"，是"学而时习之"的"学"，不是只学知识想成为专家的"学"，是提高自己品德修养的"学"。当然也要学习知识，但他心中念念不忘的是怎样转化经验知识为内在的德性。孔子认为下学可以上达，那就是说：只需努力践仁，人就可以往上遥契天道，即让自己的生命与天的生命相契接。所以，孔子发出了"知我者其天乎"的感叹。人知天，天知人，天人互相感通，达到天人合一。当代大儒牟宗三先生称孔子这种仁与天道的契接为"超越的遥契"。

孟子继承并发展了孔子的学说，开创了心性论，证成人性善。孟子讲的"性善"是根据孔子所开创的"仁"。孔子还没有把"仁"说成是性，只是说"尽心知天"。孟子就在孔子的基础上，证成人性本善，由仁心说人性，心性是一，是良知良能，天生本具，而且进一步证成"尽心知性知天"。

孔孟思想都是以仁为根基，对天（天命、天道）是超越的遥契。

六、《中庸》的哲学思想包括哪些基本内容

天道是以什么为其内容的呢？《中庸》说是"诚"。

《中庸》第二十六章说："天地之道，可一言而尽也：'其为物不贰，则其生物不测。'""为物不贰"的意思是造就万物，精纯不杂，专心致志，用一个字说，就是"诚"。

《中庸》第二十章说："诚者，天之道也；诚之者，人之道也。"《中庸》视"诚"为天之道，即自然而然之道，自然是诚体流行。而"诚之"的修养功夫，则是"人之道"，即由"诚之"的功夫以求恢复天所赋予自己的"诚"的本体或本性。

《中庸》第三十二章还对"至诚"之人作了一个美妙的描绘："肫肫其仁，渊渊其渊，浩浩其天。""肫肫"是诚恳笃实的样子。至诚之人有诚意，有"肫肫"的样子，就可以有如渊的深度，而且有深度才可有广度。如此，天下至诚者的生命，外表看来既是诚恳

笃实，又有如渊之深的深度，有如天浩大的广度。生命如此诚笃深广，自然可与天打成一片，浑然无间了。

《中庸》第二十二章："唯天下至诚，为能尽其性；能尽其性，则能尽人之性；能尽人之性，则能尽物之性；能尽物之性，则可以赞天地之化育；可以赞天地之化育，则可以与天地参矣。""天下至诚"的人，可以尽己、尽人、尽物之性，因而可以参赞天地之化育。由于天、地的本质就是生长化育，当人参天、地而为三的时候，便已等于参与并且赞助天、地的化育了。人生于地之上，天之下，参入天地之间，形成一个"三极"的结构。三者同以化育为作用，所以天、地、人可谓"三位一体"。三位之中，本来只有天、地二极以生化为本质，可是人的"精诚"所至，可以不断地向外感通，感通的最后，就是与天、地相契接，与天、地打成一片。这种契接方式，显然不是超越的，而是内在的。这是《中庸》思想与孔孟思想不同之处。

孔、孟的超越的遥契与《中庸》的内在的遥契是否互相矛盾呢？并不矛盾。由超越的遥契发展成为内在的遥契是一个非常自然的进程。前者把天道推远一点，以保存天道的超越性；后者把天道拉进人心，使之内在化，不再是敬畏的对象，而转化为一形而上的实体。这两种遥契的产生次序与其过渡，都十分容易了解。因为人类最先面对高高在上深奥不测的天，必然引发对它的敬畏；然而日子久了，人类对天的了解渐深，有了"尽心知性知天"的思想基础，会感到天并不是那样可怕，实际上人之本心与天之心（天道）是相通的。这样，人们就不以"知天"为满足，而是要求把天拉下来，收进自己的内心，使天道（"诚"）内在化为自己的德性。至此，天道的严肃庄重的宗教意味转为亲切明白的哲学意味。所以，天命、天道观念发展的归宿，必为主体意义的"诚""仁"两个观念同一化。

无论是孔孟的超越的遥契，还是《中庸》的内在的遥契，都体现了儒家的"天人合一"的思想。朱熹把这个道理说开了，是"天即人，人即天。人之始生，得于天也，即生此人，则天又在人矣"。"天"离不开"人"，"人"也离不开"天"。人初生时虽得之于"天"，但既生此"人"，则"天"全由人来彰显。因此，照儒家看，不能像西方那样，把"天"和"人"分为两截，更不能把"天"和"人"看成是一种外在的对立关系。这种"天人合一"的思想，说明我们必须把人与自然的关系合为一个整体来统一考虑，不能只考虑一方面。由此可见，在当今自然界遭受严重破坏时，"天人合一"思想对解决人与自然的关系，有着重要的正面的积极意义。

七、《中庸》在今天的意义

当前人类存在着种种极为复杂的矛盾。首先是人与自然的矛盾。1992 年，世界 1500 名科学家发表的《世界科学家对人类的警告》中提到：人类和自然正在走上一条相互抵触的道路。对自然界的过度开发，资源的浪费（包括水的资源），臭氧层变薄，海洋毒化，环境污染，生态破坏，人口无节制的膨胀，严重地破坏了人与自然的和谐，这些都在威胁着人类自身生存的条件。

其次是社会矛盾。早在 1955 年，罗素、爱因斯坦发表了《罗素、爱因斯坦宣言》，针对当时核武器惊人的杀伤能力和军备竞赛，在世界上首次以全人类的名义提出"新思维"概念，指出武器发展已经达到了可以消灭整个人类的水平（有的科学家更进一步指出：可以消灭几次）。人类为了自己的生存，民族与民族，国家与国家，地域与地域之间，应该以对话代替对立，谋求和解与共同发展。

还有，人们为了金钱和物质享受，为了夺取权利，造成身心扭曲，人与人之间的关系紧张——社会冷漠，心灵孤寂，人与人之间心灵上的隔膜，使大家互不理解甚至仇视。

所有这些问题如何解决？当然各民族的思想文化，特别是传统文化，都可能为解决这些问题提供有意义的资源。中华民族有着长达五千多年不间断的历史文化传统，作为我们这个民族的主流文化——儒家思想文化，就蕴含着丰富的对解决当今社会问题有意义的资源。以仁学为基础的《中庸》思想，就教育人们为人处世要不偏不倚，坚持中正之路，不做过头的事情，因为"过犹不及"。

中庸之道的思想核心，是一个"诚"字。看来《中庸》在今天仍有重要意义。我们想实现和谐社会，应走"中庸"之路。汤一介先生说得好："观今宜鉴古，无古不成今。"

八、结语

以上七点是我对《中庸》的粗浅认识。在"四书"中，《中庸》的义理最深，比较难于理解。所以，朱熹建议读"四书"应先用心去看《大学》，然后用心去看《论语》，接着再用心去看《孟子》，三本书都看完了，《中庸》也就理解大半了（时代不同了，今天我们应先读《论语》，然后再谈《孟子》《大学》《中庸》）。

朱子序

想学好《中庸》应先学习朱熹在编《中庸章句》时写的序文。下面就先说解《朱子序》。

【原文】

《中庸》何为而作也？子思①子忧道学②之失其传而作也。

【译文】

《中庸》是为什么而写的呢？是孔子的孙子子思担心孔子创立的道统失传而写作的。

注 释

❶子思：孔子的孙子孔伋。

❷道学：即孔子的学说。

说 解

孔子的孙子子思，就学于孔子的弟子曾子。孔子把自己的孙子嘱托给曾子，就说明了对曾子的认可。的确，孔子的弟子三千，够得上贤人的，有七十二人，其中"子夏、子游、子张皆有圣人之一体"（《孟子·公孙丑上》第二章）。据《庄子》说，孔子之后儒家分为八派，各派都有自己的主张，但那只是吸取了孔子思想的某一点，不可能是孔子思想的全部。只有曾子忠实地继承了孔子思想的真精神，继承了孔子的"吾道一以贯之"（见《论语·里仁》第十五章）的那个"一"。因为曾子能切己用功，守约慎独，道德意识最强。子思学于曾子，当得孔子真意。所以，自古就有子思作《中庸》之说。朱熹据此认为，子思恐孔子的学说和精神日久失传，所以写成《中庸》一书。

【原 文】

盖自上古圣神，继天立极①，而道统②之传有自来矣。其见于经，则"允执厥中"③者，尧之所以授舜也。"人心惟危④，道心惟微⑤，惟精惟一⑥，允执厥中"者，舜之所以授禹也。尧之一言，至矣，尽矣；而舜复益⑦之以三言者，则所以明夫⑧尧之一言，必如是而后可庶几⑨也。

【译 文】

从古代圣王起，就继守天道立人的正道——中正之道，看来道统的传承已经来源很久了。在经书中见到的，就是"允执厥中"这句话，这是尧用来传授给舜的。"杂有私欲的人心是危而不安的，合于道的道心是深微难明的，要精察正道，专一持守，诚实地坚持那中正之道。"这是舜用来传授给禹的。尧的一句话，已经把道的真意说得最透彻了；而舜又增加了三句话，那是用来阐明尧的那句话的，必须这样，才差不多可以了解道的微妙。

注 释

❶继天立极：继守天道以应人道。《诗经·大雅·烝民》说："天生烝民，有物有则。"但天自己不能讲这些道理（则），所以出现圣人体悟天道，为之修道立教，以教化百姓。继，继守。极，中正的准则，指人道。

❷道统：各种思想自己承继的统系。儒家指由尧、舜、禹而至汤、文王、武王、周公、孔子、孟子的统系。

❸允执厥中：诚实地坚持那中正之道。允，诚实、公平。厥（jué），其。

❹人心惟危：杂有私欲的人心是危而不安的。危，凶险、不安。

❺道心惟微：合于道的道心是深微难明的。

❻惟精惟一：要精察正道，专一持守。

❼益：增加。

❽夫：其。

❾庶几（jī）：差不多（了解道的微妙了）。几，微妙。

说 解

"中"的道统的传承，来源久远。以文字形式记录下来的，是古代经书，如《易经》《尚书》等。"允执厥中"这句话，见于《论语·尧曰》。原文是："咨！尔舜！天之历数在尔躬，允执其中。四海困穷，天禄永终。"意思是说，天命已降临到舜的身上，使舜为天子。舜必须诚实地坚守中正之道（使人民过上幸福生活）。如果不坚守中正之道，使天下百姓陷于穷困，上天赋予你的禄位就要永远终止。这句话不是孔子说的，更不是弟子们说的，据说是从《尚书》引来的。《论语》的最后一篇《尧曰》为什么引用这句话（还有下面五小节的话）？令人难解。徐复观先生认为《尧曰》篇中从《尚书》引来的话是作为《论语》所指向的归结收录的。有人说，孔子的"中庸"思想就出自这里。

舜经过自己的实践，感到尧对自己的劝诫是为政者必须遵循的永恒真理，所以在把君位让给禹时，也这样劝诫禹。不过舜又告诉禹为什么要"允执厥中"。那就是因为"人心惟危，道心惟微，惟精惟一"。这个"一"，就是"中"。朱子认为只有这样，才能把"允执厥中"的道理说透。

【原 文】

盖尝论之，心之虚灵知觉①，一②而已矣。而以为有

【译 文】

我曾经议论过，人心的虚灵知觉是一源的；而认为有人心和道心的不同，那是因为人心来自受制于形气的私欲，

人心道心之异者，则以其或生于形气之私，或原于性命之正，而所以为知觉者不同，是以或危殆③而不安，或微妙而难见耳。然人莫不有是形，故虽上智不能无人心；亦莫不有是性，故虽下愚不能无道心。二者杂于方寸④之间，而不知所以治之。则危者愈危，微者愈微，而天理之公，卒无以胜夫人欲之私矣。精，则察夫二者之间而不杂也；一，则守其本心之正而不离也。从事于斯，无少间断，必使道心常为一身之主，而人心每⑤听命焉，则危者安，微者著，而动静云为，自无过不及之差矣。

而道心源于性命之正。人们感觉二者不同，是因为人心危而不安，而道心微妙难明。但是，凡人都要有形躯，所以即使上智之人也不能没有人心；凡人也都要有人的本性，所以即使下愚的人也不能没有道心。人心、道心二者就交错于同一心里。如果不知道如何去对待它们，那人心则将危者愈危，而道心越发微妙难寻。这样，天理的公道，终于无法战胜人欲的私心了。"精"，就是精察人心（人欲）、道心（天理）的区别，不使它们混淆不清。"一"，就是守住本心之正，而不脱离正道。这么做，一点也不间断，一定会使道心常为一身之主宰，而人心就要经常听命于道心的指使。这样，危险的安稳了，微妙的显著了，而人的动、静、说、做，就会没有过、不及的差错了。

注　释

❶虚灵知觉：朱子认为人的本心是中性，其知觉虚明灵通，朱子称之为虚灵知觉。在朱子的理论系统中，并无"心"即理之"本心"义。心只是虚灵，必须通过格物的功夫，才能知理。孟子认为本心即理，道可当下呈现，虽微而亦至显。由此可知，在这里，朱子理学偏离了孔孟学说。

❷一：一源。

❸殆：危险。

❹方寸：人心（人心不过一寸见方）。

❺每：常。

说解

按朱子的说法，心是中性的，具备着虚灵知觉，之所以会有人心、道心的差别，是因为心或受七情六欲的影响，或遵从仁义礼智而行。徇人欲的心就是人心，遵从仁义礼智的心就是道心。

据朱子的意思，凡人都有七情六欲，即使是上智之人，也不能没有人心，所以需要修身。凡人都有人的本性，即有仁义礼智之心，所以下愚之人也可以通过修养明道。怎样对待人心和道心呢？那就要"惟精惟一"，就是精察人心（人欲）、道心（天理）的区别，而不溺于人欲，守住正道。这样坚持下去，就会使道心成为生命的主宰，使人心听命于道心，人的生命活动就会完全合理而无差错了。

【原文】

夫尧、舜、禹，天下之大圣也。以天下相传，天下之大事也。以天下之大圣，行天下之大事，而其授受之际，丁宁告诫，不过如此，则天下之理，岂有以加于此哉？

【译文】

尧、舜、禹，是天下最圣明的君主；把天下传给另一个人，是天下最重大的事件了。作为天下最圣明的君主，从事天下最重大的事情，在传授君位之际，所反复叮嘱告诫的，也不过如此。看来天下的道理没有比"允执厥中"之理更重要的了。

说解

朱子认为，以尧、舜、禹等大圣，在做传天下这样大事的时候，所叮咛训勉的，也不过是"惟精惟一，允执厥中"简单几句话。看来天地间的真理，没有比这更重要的了。

　　这一段，朱子是以历史为依据，说明中庸思想是天地间最高真理。

【原文】

　　自是以来，圣圣相承。若成汤①、文、武之为君，皋陶、伊、傅、周、召②之为臣，既皆以此③而接夫道统之传。若吾夫子，则虽不得其位，而所以继往圣，开来学，其功反有贤于尧、舜者。然当是时，见而知之者，惟颜氏、曾氏之传得其宗。及曾氏之再传，而复得夫子之孙子思，则去圣远而异端④起矣。

【译文】

　　从这以后，圣贤与圣贤互相传承。就国君说，有商汤王、周文王、周武王；就大臣说，有皋陶、伊尹、傅说、周公、召公，他们都以"允执厥中"传接道统。至于我们夫子，虽然没有在其位（既不是圣君，也不是名相），但能够接续过去圣君、贤相的传统，开创新的学说，他的贡献反而超过了尧、舜。但是在那个时候，发现而了解夫子学说的人，只有颜回和曾子，他们所传的是夫子学说的正宗。等到曾子的再传弟子，又有夫子的孙子子思，不过这时离圣人已经很久远，众多异说开始兴起来了。

注释

❶成汤：商（殷）朝开国之君，契的后代，子姓，名履。夏桀无道，汤伐之，遂有天下，国号商，都于亳（bó，今河南商丘一带）。

❷皋陶、伊、傅、周、召：五人都是上古有名的大臣。皋陶（gāoyáo），传说是舜的臣。伊尹，商汤王的臣，助汤王伐桀。傅说（yuè），殷时使殷朝中兴的名相。周，周公，名姬旦，文王之子，助武王灭纣，稳固了周朝的统治。召（shào），周武王之臣。周成王时，周公、召公共同辅政，史称周召。

❸此：指"允执厥中"的传统。

❹异端：子思生活在战国时代，异端指别于儒家的百家争鸣。

说　解

古代"允执厥中"的道统，代代都有圣君名相传承，他们都在其位，能说到做到。而孔子，虽有德而无位，传承传统就困难了。但是，他修明圣道，开创了仁的学说，使中庸之道有了灵魂，其贡献反而大于尧、舜。而当时得孔子学说正宗，传承孔子之道的只有颜回、曾子。颜回早逝，曾子一个人自觉地承担起传承夫子之道的重任。他曾说："士不可以不弘毅（心胸宽广而有毅力），任重而道远。仁以为己任，不亦重乎？死而后已，不亦远乎？"（《论语·泰伯》第七章）承接曾子的是他的再传弟子——孔子的孙子子思，然后又有私淑子思的孟子。不过，到子思时，已是战国时代，出现了百家争鸣的局面，道统的传承就更困难了。

【原文】

子思惧夫愈久而愈失其真也，于是推①本尧、舜以来相传之意，质②以平日所闻父师之言，更互演绎③，作为此书，以诏④后之学者。盖其忧之也深，故其言之也切；其虑之也远，故其说之也详。其曰"天命""率性"，则道心之谓也；其曰"择善固执"，则精一之谓也；其曰"君子时中"，则执中之谓也。世之相后千有余年，而其言之不异，如合符节⑤。历

【译文】

子思担心时间愈久愈失掉道统的真传，于是根据尧、舜以来互相传承的内容加以推究，再用平日所听到的父亲、老师的言论加以评正，互相推断引申，理出头绪，就写成了这本书，用来告诉后来学习的人。由于子思的忧虑颇深，所以语言十分深切；他忧虑长远，所以解说十分详明。他说的"天命""率性"，是指道心；他说的"择善固执"是指"精一"；他说的"君子时中"，是指"执中"。世事前后发展已一千多年，而他的话都与世事相吻合，一点不差。我一册一

选前圣之书，所以提挈纲维⑥，开示蕴奥⑦，未有若是之明且尽者也。

册地选读前圣的书，能够把握道统的要领、展示深义的，没有像《中庸》这本书这样明晰详尽的。

注释

❶推：推究。

❷质：就正，请评定。

❸演绎（yì）：推断引申，理出头绪。

❹诏：告诉。

❺符节：古代朝廷用作凭证的信物。符用竹、木或金属制成，上书文字，分为两半，双方各执其一，使用时以两半相合为验。节也是使臣用作凭证的信物。合符节也用以形容事物两相吻合。

❻提挈纲维：提纲挈领，即扼其要领。挈（qiè），提举。

❼蕴奥：所含深义。

说解

朱子认为，因为出现了百家争鸣的局面，子思担心时间长了而道统失真，所以基于尧、舜相传时提出的"允执厥中"的本意，又据平日听到的父亲和老师的话语，推断引申，理出头绪，写成《中庸》这本书。《中庸》言论深切而详明，表现了子思的忧虑深远。

《中庸》一书的中心思想，不外尧、舜、禹相传的"人心惟危，道心惟微，惟精惟一，允执厥中"这句话。

关于《中庸》一书的作者，在本书的《引子》里已经说明，朱子认为《中庸》是子思所作是缺乏有力根据的。《中庸》一书的写成，应晚于孟子，大概是战国晚期以至秦汉之际的子思、孟子一系的儒者所作。

【原文】

　　自是而又再传以得孟氏，为能推明是书，以承先圣之统。及其没，而遂失其传焉。则吾道之所寄，不越乎言语文字之间，而异端之说，日新月盛，以至于老、佛之徒出，则弥近理而大乱真矣。然而尚幸此书之不泯①，故程夫子兄弟②者出，得有所考，以续夫千载不传之绪③，得有所据，以斥夫二家似是之非。盖子思之功，于是为大；而微④程夫子，则亦莫能因其语而得其心也。惜乎其所以为说者不传，而凡石氏⑤之所辑录，仅出于其门人之所记；是以大义虽明，而微言未析。至其门人所自为说，则虽颇详尽，而多所发明，然倍⑥其师说而淫⑦于老、佛者，亦有之矣。

【译文】

　　从这以后，又再传，出现了孟子，因为他能推致阐明这本书，来传承先圣的道统。等到他去世之后，道统就失传了。我们儒家的道统，就寄托在语言文字之间。异端邪说，一天比一天新奇盛行，到了道家和佛家的信徒出现，就形成自己的理论而貌似真理，简直让人真假难分了。然而所幸的是，这本书没有消失，所以程夫子兄弟出现，能够有所考据，来接续那千载失传的业绩，并且驳斥老、佛二家那似是而非的谬论也有所根据。说起来子思的伟大功绩，就在于写成《中庸》这本书。但是假如没有程夫子，也就不能依据书上的话而悟得书的真精神。可惜的是，他们对《中庸》的解说没有传下来，而石敦的《中庸集解》所辑录的，只是出于他的门人的记载；因此，书的大义虽然阐明了，但微妙之处并未作分析。至于他的门人各自的说法，虽然很详尽，而且多有发明，但是有的却背离了他们老师的思想而沉浸在老、佛学说里了。

注　释

❶泯：尽，消灭。

❷程夫子兄弟：北宋儒者程颢、程颐兄弟。

❸绪：世业，业绩。

❹微：无，假如没有。只用于和既成事实相反的假设句里。

❺石氏：指宋朝石塾，著有《中庸集解》。该书集合了自周濂溪以下凡十家关于《中庸》的论说，并加以解释。

❻倍：背弃，背离。通"背"。

❼淫：沉浸。

说 解

子思之后，再传至孟子。孟子与弟子著有《孟子》一书，进一步阐明、发展了孔子的学说。但孟子之后，儒学就失其真传了。由秦汉至北宋一千多年，对孔孟的真精神很少有人能了解。等到北宋的周敦颐（濂溪先生）、张载、程氏兄弟出现，才重新体悟到儒学的真精神。二程对《中庸》十分推崇，认为该书是儒家的传心之作。他们据《中庸》的理论来和佛、老的理论抗衡，使儒学的思想重显于世。北宋儒家讲儒学，是先从《易经》和《中庸》开始的。哥哥程颢（明道）对《中庸》进行解说，有《中庸说》传世，但那是他的弟子吕氏（大临）的作品，不是程颢自己写的。而弟弟程颐对《中庸》进行讲解，也没有写成书。所以，现在我们看到的二程关于《中庸》的议论，只是他们平居和弟子等答问之辞，只能看到他们对《中庸》大义的阐述，但并不详细。石塾写有《中庸集解》，该书集合了自周敦颐以下凡十家的关于《中庸》的论说并加以解释，朱熹还为该书写了序言，程氏的门人（如吕氏、游氏、杨氏、侯氏）也各有讲说。但朱熹认为，他们的讲说虽然详细，有的却夹杂了佛、老的思想，偏离了儒学的精神。

这一段朱熹讲述了儒学的传承和《中庸》一书在儒学中的重要地位以及至今缺乏解说《中庸》的善本，暗示自己有必要编写《中庸章句》。

【原 文】

熹自蚤岁，即尝受读而窃疑之。沉潜[1]反复，盖亦有年，一旦恍然，似有以得其要领者，然后乃敢会众说而折其中[2]，既为定著章句一篇，以俟[3]后之君子。而一二同志，复取石氏书，删其繁乱，名以《辑略》。且记所尝论辩取舍之意，别为《或问》，以附其后。然后此书之旨，支分节解[4]，脉络贯通，详略相因，巨细毕举，而凡诸说之同异得失，亦得以曲畅旁通[5]，而各极其趣。虽于道统之传不敢妄议，然初学之士，或有取焉，则亦庶乎行远升高[6]之一助云尔。

淳熙己酉[7]春三月戊申，新安朱熹序。

【译 文】

朱熹我从少年时，接受《中庸》的教育，而私下里就怀疑前人对《中庸》的解说。我对《中庸》的深入钻研，反复琢磨，已经有许多年了。一旦恍然大悟，好像掌握了《中庸》一书的要领，于是敢于会合各种说法而取其无偏颇的正确的意见，写成《中庸章句》一篇，以等待后来君子的指教。而一二志同道合的人又选取石𡼖先生的《中庸集解》，删掉其中烦琐杂乱的部分，改称《中庸辑略》。又有人记下了我过去和别人论辩取舍的内容，名为《或问》，来附在《中庸章句》之后。这样做了之后，对《中庸》这本书的意思分章细说，按节解释，使全书脉络贯通，详略互补，无论大义、细节都讲述到。至于各种说法的同异得失，也得以曲折委婉而通畅，彼此融会而贯通，各种说法都充分表达了他们各自的意思。虽然我对道统的传承不敢妄加议论，但是初学之士，从本书中也许能受到一些启示，对于那些想进一步探究儒学道统深奥理论的人来说，也许可以有些帮助吧！

淳熙己酉春三月戊申，新安朱熹序。

注释

❶沉潜：浸润，深入钻研。

❷折其中：调和二者，取其中正，无所偏颇。

❸俟（sì）：等待。

❹支分节解：分章细说，按节解释。

❺曲畅旁通：曲折委婉而通畅，彼此融会贯通。

❻行远升高：走得更远，登得更高。比喻对学问想进一步究其深奥理论。

❼淳熙己酉：宋孝宗十六年（1189），淳熙是宋孝宗的年号。

说 解

　　这一节，朱熹是讲述《中庸》一书的写作缘由及其内容，虽然很谦虚，但对《中庸章句》一书的成就是很有信心的。最后他说："虽于道统之传不敢妄议，然初学之士，或有取焉，则亦庶乎行远升高之一助云尔。"

　　《中庸章句》原来附有《中庸辑略》和《或问》，后来大概是怕影响对正文的正确理解，所以把二者拿下去了，但二者对《中庸》的研究的确是很有帮助的。

一

天命之谓性

【原文】

天命之谓性①，率性之谓道②，修道之谓教③。道也者，不可须臾④离也；可离，非道也⑤。是故，君子戒慎乎其所不睹，恐惧乎其所不闻⑥。莫见乎隐，莫显乎微⑦，故君子慎其独也⑧。喜怒哀乐之未发，谓之中⑨，发而皆中节，谓之和⑩。中也者，天下之大本也⑪，和也者，天下之达道也⑫。致中和，天地位焉，万物育焉⑬。

【译文】

上天所赋予的，就叫作"性"（物各有性，其性乃天所赋予），遵循本性而行就是"道"（道非外在，实内在于性中），使人能依其本性而行，懂得什么是道，就叫作"教化"（这就是大学的纲领：大学之道在明明德，在亲民，在止于至善）。道是一时一刻、一分一秒也不能背离的，如果背离也可以，那就不是道了。因此，道德高尚的人，在别人看不到的时候，也是警戒谨慎的；在别人听不到的时候，也是畏惧小心的。不在隐蔽的地方表现自己（逞个人私欲），不在细微的地方显示自己（露出自己的本相）。所以道德高尚的人特别慎独（在自己一个人独处的时候更加谨慎小心）。在喜怒哀乐还没有激发出来时（处于性之本然状态），叫作"中"。喜怒哀乐激发出来都恰如其分，无过无不及，叫作"和"。"中"是天下事物的根本；"和"是天下共由的通行原则。将中和推至极点（没有违背中和之处），就会使天地得其位（天尽天职，地尽地责），万物得以自然生长发育。

注 释

❶天命之谓性：上天所赋予的就叫作性。命，动词，命令，在这里作赋予讲。

❷率性之谓道：遵循本性而行就是道。率，遵循、服从。

❸修道之谓教：使人能依其本性而行，懂得什么是道，就叫作教化。修，是修明整理的意思。

❹须臾：短暂的时间，一时一刻，一分一秒。

❺可离，非道也：（道是不可背离的，）若可以背离的就不是道了。

❻戒慎乎其所不睹，恐惧乎其所不闻：在别人看不到的时候也是警戒谨慎，在别人听不到的时候也是畏惧小心。"乎"是"于"的意思。这两句话有另一种解释，"所不睹""所不闻"暗指道体，意思是道体深微不可测，不可以耳闻目睹，君子要时刻戒慎，不能违背天理。

❼莫见乎隐，莫显乎微：不在隐蔽的地方表现自己（逞个人私欲），不在细微的地方显示自己（露出自己本相）。

❽君子慎其独也：君子一个人独处的时候，也是谨慎小心的。

❾喜怒哀乐之未发，谓之中：在喜怒哀乐还没有激发出来时（处于性之本然状态），叫作"中"。

❿发而皆中节，谓之和：喜怒哀乐激发出来都恰如其分，无过无不及，叫作"和"。

⓫中也者，天下之大本也："中"是天下事物的根本。如一切都无过无不及，井然有序，万物自然生长发育。

⓬和也者，天下之达道也："和"是天下共由的通行原则。和则通行无阻。

⓭致中和，天地位焉，万物育焉：将中和推至极点（没有违背中和之处），就会使天地得其位（天尽天职，地尽地责，天地二极以生化为本质），万物得以自然生长发育。

说　解

本章是《中庸》全书的纲领，它道出了儒家思想的精髓，意义十分深远。必须把每句话都理解了，才能读懂《中庸》一书。所以，下面我将依次逐句加以说解，希望大家能耐心地读。

(一)"天命之谓性"

1.《中庸》所说的"天"是什么意思？

各民族对"天"有不同的理解。除了自然的"天"之外，人们还认为"天"有无穷的威力。中华民族自古对"天"就有深刻的认识。《诗经·周颂·维天之命》说："维天之命，於穆不已。"（那天道的运行，深奥而无穷无尽。）这个威力无穷的天，看不见，摸不着（形而上的），但确确实实决定着人与万物。所以《维天之命》接着说："於乎不显，文王之德之纯！"（啊！多么光明，文王道德的纯净！）《中庸》对"维天之命，於穆不已"这两句诗加一精警的赞语，说："此天之所以为天也。"又对"文王之德之纯"加一类似的赞语，说："此文王之所以为文也，纯亦不已。"这两句赞语中的"所以"，都是为了表明"本质"的意思。"天之所以为天"，就是天的本质（即天之德）。"文王之所以为文"，就是文王的本质（文王之德）。先说天，接着又说文王，天之德与文王之德有什么关系呢？显然，天命、天道贯彻到个体身上时，只要这个体以敬的作用来保住天命，那天命下贯所成的个体的性，可以永远呈现光明，文王就是一个典型的例子。由此看出天的创造活动，天是万物（包括人）生化的根源。这几句诗是中华民族对天的最古老的认识，最为深邃，很有哲学意味。"维天之命"是一个重要的观念，它不认为"天"是远离人的人格神，它把人格神的天转化为"形而上的实体"。只有这一转化，才能下贯为性，才能打通性命与天道的隔阂。

2."天命"的"命"是什么意思？

《中庸》里的"天"，不是人格神，那么"天命"就不能理解为"天的命令"。天是形而上的实体，它是万物（包括人）生化的根源。我们把"命"讲成"赋予"，好像天是有意志的，所以用"赋予"解释"命"不是很准确。朱熹在《中庸章句》里说："天以阴阳五行，化生万物，气以成形，而理亦赋焉。犹命令也。于是人、物之生，因各得其所赋之理，以为健顺五常之德，所谓性也。"所以，这里的"命"字，应该是天道"发用流行"的意思。

我们的祖先不认为万物是天——人格神创造的，天不能无中生有。那么万物是怎样创造的呢？我们的祖先认为宇宙（天）不是铁板一块，时时在活动，而且活动有规律。使宇宙（天）活动的，不是一种力量，而是两种力量："刚柔相推而生变化""一阴一阳之谓道""日新之谓盛德，生生之谓易"（《易经·系辞》）。这些命题肯定了变化的普遍性、永恒性，肯定了对立面（阴阳）的相互转化是最根本的规律，并深刻地说明了变化的根源就在于对立面的相互作用——从中我们可以体会到神妙不测的道体的存在。

3. 怎样理解《中庸》的性？

"天命之谓性"这句话，是说天道创生，使一切物得以生成存在，使一切存在皆得其性。这一方面是指出性出于天，一方面是指出天道流行，创造实现一切存在物的事实。这后一层的意思，虽然在"天命之谓性"句中没有明白表示出来，但其中是含有这个意思的（从后文可知）。

"天命之谓性"句中的"性"是什么意思？"人"的存在是天所命，天不仅赋予人生命，而且赋予人以"性"，这就是"人性"。同样，天也赋予马、牛、羊以生命和性，马、牛、羊之性是兽性。那么"天命之谓性"中的"性"是什么意思？人们很容易想到"食色，性也"。食色之性是人的自然性、气质之性，即人的动物性、兽性。但人与动物不同，人除了有气质之性，同时还有义理之性。我们应该注意"天命之谓性"的下一句"率性之谓道"。既然遵循本性而行就是道，那么这个"性"和"道"就是一体的，是指人特有的义理之性。很难想象，人们依生理本能而行，任性使气，放纵恣肆，社会将变成什么样子。

4. 《中庸》说性与孟子人性论有何异同？

孟子也是从义理上说性，但和《中庸》的说法不同。孟子认为人皆有恻隐之心、羞恶之心、恭敬之心、是非之心，即仁义礼智之心，而肯定人人皆可以为尧舜，这是由心善而推证性善。他不认为人的生理自然之性就是人之所以为人之性，而不受私欲干扰依本心所具的道德法则行事之性才是真实的人性。

孟子是从内在于人的道德性说性，不同于《中庸》的从天命道体说性。二者的说法虽然不同，但所说的性的内容意义则是相同的。孟子从人的内在的道德性说性，但同时认定人可以"尽心知性知天"（《孟子·尽心上》）；又认为，此内在于我为我所固有的道德之性，乃是"天之所与我者"（《孟子·告子上》）。既然人可以"尽心知性知天"，又此性是"天之所与我者"，则性与天在内容意义上应是同一的。《中庸》直接从天命天道说性，可以说是孟子心性论的必然发展。

关于人性与天道的关系，孟子与《中庸》有何不同，请看本书《引子》《中庸》的哲学思想部分。

（二）"率性之谓道"

对这一句，朱熹解释说："率，循也。道，犹路也。人物各循其性之自然，则其日用事物之间，莫不各有当行之路，是则所谓道也。"（朱熹《中庸章句》注）由朱熹注中看出，"道"与"性"二词所指是相同的，只是"道"是"当行之路"，带有活动的意思，而性表示所以然的意思。依朱子的解释，一切物的存在，一切物的活动，都是道的"显现"。

在朱熹对"道"的解释中，我们要注意"当行"两个字。"当行之路"才是"道"，不当行之路，虽然人们都在走，但那不是"道"。分清"当行"与"不当行"需要人的自觉，一个人能自觉地依性（良知）而行，需要"修道"（下句）。

既然想做到言行合于道需要"修道"，那么不修道言行就难以合于道了。看来，想使自己的言行合于道并不容易。这样理解，就不符合"率性之谓道"中"率性"的原意。"率性"是遵循人的本有的义理之性，即良知。良知人人皆有，按孟子的说法，随时可以呈现（如人乍见孺子将入于井，皆有怵惕恻隐之心——《孟子·公孙丑上》）。所以，"道"对人来说是本有的，不是外加的。只是人的本有的义理之性（良知）会受私欲的蒙蔽，所以言行就偏离了道，使自己的真性、真生命不能呈现。

但是，人一旦自觉到他的本有的道德心时，便会有实践道德的种种活动，在活动的过程中，便成就了一切所涉及的对象。而这成就乃是道德意义的成就。

如子见父，就孝；父见子，就慈。孝一出现，就使子实现了子之所以为子之道；慈一出现，也使父实现了所以为父之道。这父之道与子之道实现时，才是父与子存在的真正实现——即此时的父子才是真正存在的父子。假如父不慈、子不孝，则父子间的存在成为纯粹物一般的存在，没有任何道德价值可言。如果人以这样的状态、身份而存在，那就等同于不存在——也可以说，是没有价值意义的存在，是虚假的不真实的存在。名为父子，实同路人。这样的父子关系，我们还能说他们是父子吗？有人也许说，从血缘关系说，他们仍是父子。但是，如果依据自然、生理来看人类社会，那世界将成为一个干枯的、没有价值意义的世界，人的生命也失去了意义：生时只是一块会喘气的肉体，死后只是一具僵尸。

与此相反，当人的道德心呈现时，一切人伦就从不真实的存在成为真实的存在。所以，人的"率性"的道德心是一切人伦关系实现的原理。道德心的发用，就创生了一切人间的道德价值。再进一步，由于道德心一旦发用，就不能局限于人，不可以划定界限，既用之于人，也用之于其他物上，所以，圣人必由亲亲而仁民，由仁民而爱物。因此，人见动物被杀、花木被摧残而难过，甚至对无生命的瓦石的毁坏也有怜惜之情，即在这本心良知呈现时，人是与万物为一体的，感到万物皆不在我生命之外。由于人类道德理性的发用，一切存在的价值意义才能彰显出来。

以上是就人的实践说的，如果只局限于人，那么道的真意就不能充分展现出来。由人的率性而展现出来的道，并不只限于人，而是要通达于一切的。这就等于要在自然的世界中创造出价值意义的世界，使一切自然的存在，都洋溢着无限的意义。这可以显出人的创造性，这是人之所以可贵的地方。

(三)"修道之谓教"

"修道之谓教"是专就人说的。本来天命之性，率性之道，是人所本有，而不用修的。但人不能无私欲，所以未必能实现天命之性，这就需要有修治的功夫以复其性，尽其性（使本性充分展现）。对这句，朱熹解释说："修，品节之也。性、道虽同，而气禀或异，故不能无过不及之差。圣人因人、物之所当行者而品节之，以为法于天下，则谓之教，若礼乐刑政之属是也。"（《中庸章句》

注）所以，"修道并不是说道不完善而须修"。道即天命之性，是圆满至善之理，当然不用修治。"修道"是修治人的私欲、习气，使"率性"能合于道。《大学》开头就说"大学之道，在明明德"，"明明德"就是明道。先明道，才能行道，而使人能明道，要靠教化。除了生而知之者外，其他绝大部分的人，都是要通过修道明善的功夫，才能使本有之性实现。一个国家若要使百姓都能明善行道，就须有礼乐刑政等制度。好的礼乐刑政，是要启发人的善心，是为实现人的本性而设的。其中应以礼乐为主，刑政为辅。孔子说："道之以政，齐之以刑，民免而无耻；道之以德，齐之以礼，有耻且格。"（《论语·为政》第三章）礼乐能使百姓有知耻之心，自觉从善；刑政是一种外在的强制力量，使人不敢做坏事。礼乐与刑政二者应该相辅相成，只强调一方面就会出现偏差。儒家所说的教化，含伦理与政治。儒家从不把"圆满"局限在个人的成德。儒家讲究修身、齐家、治国、平天下，政治实际上是伦理之道的推广。修、齐、治、平，是仁心本性的渐次实现，也就是天道的实现历程。

（四）"道也者，不可须臾离也；可离，非道也"

"可离，非道"。为了强调道的不可离，上一句就先提出"不可须臾离"。这是对当时的虚无主义和道的外在论者（主张道是道、人是人）的驳斥。

但是世间常常发生违道的事情，做到真正不离道不容易。这是因为人受私欲的蒙蔽，顺着私欲的要求行动，就背离了道，甚至走上犯罪的道路。孔子为此慨叹说："谁能出不由户？何莫由斯道也？"（谁能外出不由房门经过呢？为什么没有人从这一条仁义之路走呢？）（《论语·雍也》第十七章）社会上每个人都有七情六欲，为什么社会还能正常运转不陷入混乱？因为人除了七情六欲之外还有良知，良知可以随时呈现，使人自觉地走正路。教化如能跟上，自觉走正路的人会越来越多，社会自然会安定和谐。

（五）"是故，君子戒慎乎其所不睹……故君子慎其独也"

朱熹对"戒慎乎其所不睹，恐惧乎其所不闻"解释说："君子之心常存敬畏，虽不见闻，亦不敢忽。所以存天理之本然，而不使离于须臾之顷也。"（《中庸章句》注）即在日常生活中，常做戒惧的功夫。在众目所视的情况下，一般人都会遵纪守法，不背离道，不干丧良心的事。问题是在幽暗而为别人所不能见到和听到的地方，思想就容易偏离。一个有道德修养的君子，在这种情况下，更要谨慎小心，而不敢有丝毫不合道的念头，务使此心时刻都合于道。他怕什么？他不是怕人看到听到，不是怕有害于个人的声誉，也不是怕受到责罚，而是怕私欲滋长背离道。一个人一旦背离道，就难于为人，生活也就失去意义了。曾子的"吾日三省吾身"，就给我们做出了守约慎独的榜样。

朱熹对"莫见乎隐，莫显乎微，故君子慎其独也"解释说："隐，暗处也；微，细事也。独者，人所不知而己所独知之地也。言幽暗之中，细微之事，迹虽未形，而几则已动。人虽不知而己独知之，则是天下之事，无有著见明显而过于此者。是以君子既常戒惧，而于此尤加谨焉。所以遏人欲于将萌，而不使其滋长于隐微之中，以至离道之远也。"（《中庸章句》注）朱子的解释十分明白，所说的是儒学的最内部的修养功夫。省察意念的至隐至微之处，看意念是真是妄，是善是恶，这是穷根究底的功夫。必如此省察，才会照见生命的妄根，能照见最深微的妄根而拔除之，生命才会真实。如果不下这样的功夫，人的一生可能都在虚伪造作中而不自知。所谓慎独之"独"，按朱子的解释是指"意念"，这是只有自己一个人才知道的。必须使意念真实无妄，人的真生命才能呈现，这和《大学》所说的"诚意"的功夫是相同的。《大学》的"诚意"章也再三强调了慎独。什么叫"诚意"？"诚意"就是"毋自欺"。自欺不自欺是意念上的事。好的意念真实无妄，那就是"诚"。有坏的意念故意掩盖，那就是"不诚"。这需要自己作判断决定，所以"君子必慎其独"。《大学》还指出，"不诚意"的人尽管做假象来掩盖其不诚，但怎样做假也掩盖不了。《大学》说："小人闲居为不善，无所不至，见君子而后厌然，掩其不善，而著其善。人之视己，如见其肺肝然，则何益矣！此谓诚于中，形于外，故君子必慎其独也。"

（六）"喜怒哀乐之未发……和也者，天下之达道也"

君子慎独，使自己意念时时合于道。自己意念怎样才能合于道？就是不偏不倚，无过无不及。这是喜怒哀乐处于"未发状态"，我们称之为"中"。看来人的意念合于"中"而且长时间地处于"中"的状态并不容易。受佛教影响的宋儒为此发明了"静坐"的功夫，就是使人与纷乱的现实生活隔离开来，静坐养心，使本心性体容易呈现。

当人的本心呈现时，自然能使自己的生命表现得合理。当事物来时，"是"的自然知其是，"非"的自然知其非；该喜的自然会喜，该怒的自然会怒，该哀的自然会哀，该乐的自然会乐。一切都恰如其分，无过无不及，即"发而皆中节"，这就是"和"。"中"是天下事物的根本，"和"是天下共由的通行原则。如果背离"和"，天下事物就难于顺利发展前进。

（七）"致中和，天地位焉，万物育焉"

人尽性，就是将自己的善良的本性充分展现出来，将中和推至极点。没有违背中和之处，一切都恰如其分，就会使天地各得其位，天尽天职，地尽地责。天地二极，以生生为本质，如果天地得其位，万物就会得以自然生长发育。这是人所以能参赞天地之化育的缘故。如果在乱世，人难尽性，一切都违"中和"，不但人难以自然生长化育，连山川草木一切万物也难以自然生长化育。

当然，这一最高理想——致中和，天地位，万物育，是要人不断地努力才能实现的。对这句话朱熹解释说："盖天地万物本吾一体，吾之心正，则天地之心亦正矣；吾之气顺，则天地之气亦顺矣；故其效验至于如此。此学问之极功，圣人之能事。初非有待于外，而修道之教，亦在其中矣。"

对第一章的大意，朱熹总结说："右第一章，子思述所传之意以立言。首明道之本原出于天而不可易，其实体备于己而不可离。次言存养省察之要，终言圣神功化之极。盖欲学者于此反求诸身而自得之，以去夫外诱之私，而充其本然之善。杨氏（即杨时，人称龟山先生）所谓一篇之体要是也。其下十章，盖子思引夫子之言以终此章之义。"

二

君子中庸

【原 文】

仲尼①曰："君子中庸②，小人反中庸。君子之中庸也，君子而时中③；小人之反中庸也，小人而无忌惮④也。"

【译 文】

孔子说："君子言行常守不偏不倚的中庸之道；而小人的言行则背离中庸之道。君子守中庸，随时都能实现中庸之道（做到恰到好处）；而小人的违反中庸，无所畏惧而胡作非为。"

注 释

❶仲尼：孔子名丘，字仲尼。后人有人认为《中庸》的作者直称孔子为仲尼很不礼貌，所以据此认为《中庸》不是子思写的，因为子思不会直称祖父为仲尼。

❷中庸：朱熹注说，中庸是不偏不倚，无过无不及，而平常之理。

❸时中：随时都能实现中庸之道。

❹小人而无忌惮：小人违反中庸，无所畏惧，而胡作非为。

说 解

从本章到十一章都是用孔子的话解释首章的意思。

在这一章里，孔子指出能否守中庸之道是区分君子小人的标准。只有君子能常守不偏不倚的中庸之道，因为君子有君子之德，又能慎独，戒慎恐惧，谨守天所赋予的性，不敢放失。不论何时，也不论面对何事，都能有恰当的表现，无过无不及。如孟子说孔子："可以仕则仕，可以止则止。可以久则久，可以速则速。"（《孟子·公孙丑上》第二章）孔子自己说："五十而知天命，六十而耳顺，七十而从心所欲不逾矩。"（《论语·为政》第四章）孔子 70 岁时，从心所欲都合乎中庸之道。

小人的心，因受私欲的蒙蔽，良知放失，只剩下私心。从私心之所欲，就要违反中庸之道。君子的戒慎恐惧，他们是没有的。原本作"小人之中庸也"，王肃本作"小人之反中庸也"，程子以为然。

三

中庸其至矣乎

【原 文】

子曰："中庸其至^①矣乎! 民鲜能久矣^②。"

【译 文】

孔子说："中庸作为一种道德，该是至善至美的了。人民不能遵守这种道德，时间已经很久了。"

注 释

❶至：至善至美。

❷民鲜能久矣：这句话有两种解释，一种是东汉郑玄的解释，他说："言中庸为道至美，顾人罕能久行。"意思是说，人不能长久地实行中庸之道。朱熹的解释是："过则失中，不及则未至。故惟中庸之德为至。然亦人所同得，初无难事；但世教衰，民不兴行，故鲜能之，今已久矣。"意思是说，人不能行中庸之道，时间已经很久了。

说 解

这一章原在《论语·雍也》第二十九章，而文辞稍异。《论语》的原文是："子曰：'中庸之为德也，其至矣乎! 民鲜久矣。'"孔子的话一方面赞颂中庸的至善至美，一方面又慨叹人们很少能遵守中庸之道。这种世衰道微的现象，从历史上看，时间已经很久了。中庸是无过无不及。可是人们往往认为中庸就是"不过火"，这是片面的。中庸也反对"不及"。孔子论德主中庸。子张（颛孙师）和子夏（卜商）是孔子的得意弟子，他们身上有许多优点。当子贡问孔子他们二人谁更好一些时，孔子说："师也过，商也不及。"当子贡认为"过"比"不及"好一些时，孔子说："过犹不及。"（《论语·先进》第十六章）两位好学生在品德修养上还差在哪里呢？就差在有所偏而不合中庸之道。在众弟子中，孔子认为颜回能坚守中庸之道。他说："回之为人也，择乎中庸，得一善，则拳拳服膺而弗失之矣。"（见本书第八章）

至于为什么"民鲜能久矣"，请看下一章。

四

道之不行也

【原 文】

子曰："道①之不行②也，我知之矣；知③者过之，愚者不及也。道之不明也，我知之矣；贤者过之，不肖④者不及也。人莫不饮食也，鲜能知味也。"

【译 文】

孔子说："中庸之道不能够施行，我是知道的；聪明的人做得过分，愚笨的人又做得不够。中庸之道不能够倡明，我是知道的；贤能的人做得过分，不贤的人又做得不够。人没有不吃喝的，却很少有能懂得滋味好坏的。"

注 释

❶道：指夫子提倡的中庸之道。

❷行：宋人司马光、王安石等引这段文时，"行"字都写作"明"，下文的"道之不明"的"明"都写作"行"。从知愚说"明"，从贤不肖说"行"，是较为合理的。

❸知：即"智"。

❹不肖（xiào）：肖，类似。不肖原指子不似父。《孟子·万章上》说："丹朱（尧之子）之不肖，舜之子亦不肖。"后来称不孝之子为不肖，也称不贤之人为不肖。

说　解

这一章接续前一章解释为什么"中庸其至矣乎！民鲜能久矣"。中庸之道是循性而行，无过无不及。而人们，不论是智者、愚者，也不论是贤者、不肖者，不懂得这个道理，做起事来，不是过分，就是不及。中庸之道本不可须臾离，对人来说，就像饮食一样，人每天都要饮食，但是有多少人懂得饮食的滋味？于是把臭的当作香的吃了，把苦的当作甜的吃了。有多少人懂得中庸之道的真谛？所以做起事来，不是过分，就是不及。

也许有人认为聪明人懂得中庸之道，那么他们做起事来符合中庸之道吧？不对。也许有人认为愚笨的人能循性而行，那么他们做起事来符合中庸之道吧？也不对。聪明人把道想得很玄远。如与孔子同时而稍早的老子就认为"道，可道，非常道"。"中庸之道"是平常的，可道的，所以在道家眼里，中庸之道不是"道"。

儒家的理论不离开人，人有天赋之性，"率性之谓道"，主张还他良知本色，不必外求。性与天道一体，循性而行，即行中庸之道，即可体悟天道。中庸之道就其高明处说，是极高明的，没有别的理论能超过它。

道本不可须臾离，实际上人是天天生活在道中，依赖着道而生存。从日常生活、礼俗习惯上，我们都可以见到道的存在。但一般人虽然生活在道中，却不懂得什么是道，而能自觉地去行道。正如孟子所说："行之而不著焉，习矣而不察焉，终身由之而不知其道者，众也。"（《孟子·尽心上》第五章）朱子说："此道之所以常不明也。"（《中庸章句》注）

五
道其不行矣夫

【原　文】

子曰："道其不行矣夫①！"

【译　文】

孔子说："道恐怕真的不能实行了！"

注　释

❶夫：通作"乎"。其……夫，表示深深的感叹语气。

说　解

朱熹说："此章承上章而举其不行之端，以起下章之意。"（《中庸章句》注）

本章虽只是一句感叹，但从中可以看出圣人的慈悲情怀。孔子一生都在行道，他希望中庸之道行于世，人人成为君子，世界实现大同，所以见"道之不行"才发出深深的感叹。这句感叹，体现了孔子悲天悯人的情怀。

孔子第一次去卫国时，经过仪邑（在今天的河南兰考境内），仪邑的边防官求见孔子。这位官员见识高远，凡是路过仪邑的有道德学问的君子，他都要亲自拜见。他见的君子很多，当然对每位君子都有自己的看法。他见到孔子后，给予孔子极高的赞誉。他断言："天下之无道也久矣，天将以夫子为木铎。"（《论语·八佾》第二十四章）木铎是铜质木舌的大铜铃，古时行政官员用它来召集群众，宣传政教法令。仪邑的边防官把孔子比作木铎，是认为孔子能担负起教化群众，改变世风，使天下由无道变成有道的重任。孔子正是自觉地担负起了这一重任，而且认为这是"天命"（仪邑的边防官也认为这是天命）。孔子"五十而知天命"。孔子第一次离开鲁国去卫国经过仪邑时，已经55岁了。孔子61岁时，在宋国受到司马桓魋的迫害，弟子们很担心老师的安全，孔子却说："天生德于予，桓魋其如予何！"孔子要替天行道，到了晚年，见"道之不行"，才深有感慨。但孔子并没有因此而消极，虽不得位，但广招弟子，删《诗》《书》，定礼乐，希望把道传下去。朱熹赞扬孔子："继往圣，开来学，其功反有贤于尧、舜者。"（《中庸章句序》）

有人怀疑孔子对天的感情是圣人性格的弱点。这种想法太幼稚。人的思想境界不能停留在一个水平面上，忙于名利等生活琐事。人的思想应该是向上的、立体的，应该有超越感（于是有了宗教）。孔子对天是敬畏的，把行道认为是天赋予自己的使命，自己活着就是为了完成这一使命。世界上的先知先觉者，如释迦牟尼、基督等都是这样。一个健康的人格，应该有超越感，如果缺乏超越感，对超越者没有真诚的虔敬与信念，那么一个人不可能成就伟大的人格，一生将是庸庸碌碌，深陷在日常的琐务之中。

六

舜其大知也与

【原 文】

子曰："舜其大知也与^①！舜好问而好察迩言^②；隐恶而扬善^③，执其两端^④，用其中于民^⑤，其斯以为舜^⑥乎！"

【译 文】

孔子说："舜可以说是最聪明的人了！舜能不耻下问，而且喜欢体察人们浅近的话语。对别人言论中不好的地方，隐而不宣；对别人言论中好的地方，则加以大力宣扬。把握议论中的正反两方面的道理，不偏袒任何一方，采用中庸之道（最恰当的做法）施行于民众，这就是舜之所以为舜的缘故吧！"

注 释

❶舜其大知也与：知，即智。这句不是疑问句，而是感叹句，赞叹舜是大智。

❷好问而好察迩言：好问，即不耻下问。迩言，朱熹注"浅近之言"。即浅近之言也留意考察。有人把"迩言"解释为左右亲近人的话，"察迩言"可免受蒙蔽。两相比较，前一种讲法好，看出舜的心胸广阔，善与人同。

❸隐恶而扬善：不是说自己，而是说对别人。对于别人言论中的不善的，隐而不宣；对于善的，则加以大力宣扬。看出舜的心地广大、光明。

❹两端：即议论中的正反两方面的道理。

❺用其中于民：采用中庸之道（最恰当的做法）施行于民众。

❻其斯以为舜：这就是舜之所以为舜。斯，此、这样。

说　解

　　这一章是用舜的大智的表现来说明中庸之道。那么，从什么地方可以看出舜的大智呢？

　　首先是"好问"。有不懂的问题就向别人请教，不论对方是什么人。许多人认为好问就显出自己的无能，于是不懂也装懂（这实际是自欺、不诚）。真的要问，也要看对象，要问比自己高明的。为师的不能向弟子请教，大学教授不能向中学教师请教，中学教师不能向小学教师请教，为官的不能向百姓请教，为父祖的不能向子孙请教，智者不能向愚人请教，贤者不能向不肖者请教。而舜则不耻下问。

　　其次是"好察迩言"。舜虽是大智，却并不自以为智，他觉得虽浅近之言也要仔细考察。"道"无所不在，浅近之言中当然也有道在，只是一般要小聪明的人看不出来罢了。北宋程颐说："造道深后，虽闻常人言语，言浅近事，莫非义理。"

　　再次是"隐恶扬善"。孟子说："大舜有大焉，善与人同，舍己从人，乐取于人以为善。自耕稼陶渔以至为帝，无非取于人者。取诸人以为善，是与人为善者也。故君子莫大乎与人为善。"（《孟子·公孙丑上》第八章）抱着"与人为善"的思想，舜是只见人之善，而不觉人之不善。王阳明对舜的这一高贵品质解释说："一友常易动气责人。先生（王阳明）警之曰：'学须反己，若徒责人，只见得人不是，不见自己非。若能反己，方见自己有许多未尽处，奚暇责人？舜能化得象（弟弟）的傲，其机括（关键）只是不见象的不是。若舜只要正他的奸恶，就见得象的不是矣。象是傲人，必不肯相下，如何感化得他？'"（《传习录》下）

　　最后是"执其两端，用其中于民"。这句的意思不是说将正反两方面加以折中便可得中。"中"不是在事的表面上，过与不及也不能用数量来衡量。"中"与"不中"，决定在内心的判断。第一章说"率性之谓道"，真是心里没有私心杂念，是本心所自然流出，它作出的判断是不偏不倚，是合理的。当然这个决定的作出也要有依据，那就是前面说的"好问而好察迩言……执其两端"。孟子说："舜明于庶物，察于人伦。由仁义行，非行仁义也。"（《孟子·离娄下》第十九章）说的就是本章的意思。舜的言行，都是从他的本心自然流出，都是合于仁义的。他不是有所为地去"行仁义",而是他的天性自然如此。天性之自然就合乎仁义。《孟子·尽心》对此理做了详细的阐述。

七

人皆曰予知

【原 文】

　　子曰："人皆曰：'予知'①，驱而纳诸罟②、擭③、陷阱之中而莫之知辟④也。人皆曰：'予知'，择乎中庸而不能期月守也⑤。"

【译 文】

　　孔子说："人们都说：'我聪明'，但被人赶进罗网、捕兽的笼子或陷阱时，却不知道躲避。人们都说'我聪明'，但选择了中庸之道后，却连一个月都不能坚持。"

注 释

❶予知：我聪明。

❷纳诸罟：纳之于罟，被赶进罗网。罟（gǔ），网的通称。

❸擭（huò）：一种捕兽的器械。

❹莫之知辟：莫知辟之。"之"是宾语，在否定句中，代词作宾语要前置。辟，即"避"。

❺择乎中庸而不能期月守也：人即使能选择中庸之道（正理），却连一个月都不能坚持。期月，有两种讲法：一整月，一整年。在这里作"一整月"讲。

说 解

　　人们都认为自己聪明，干什么事从不吃亏，但有人为你设下罗网和陷阱，用名利去引诱你时，你却认识不清，不知道躲避而落入罗网或陷阱。孔子用这个比喻的意思是说有些"聪明人"被人引入歧途甚至走上犯罪的道路却不自觉。还有些认为自己聪明的人——这些人也的确比较聪明，他们能认清是非善恶，你为他设下罗网、陷阱，他不会上当，而且他知道什么是人应该走的正道——中庸之道，但他没有力量摆脱私欲的干扰，所以他即使想走中庸之道，也不能长期坚持。

　　人真正想成为智者，必须排除私欲的干扰，使本心呈现，而坚持中庸之道。核心是一个"诚"字。"不诚"，一切都是无用的。天道的运行也是一个"诚"字。《中庸》的后半，主要是阐述"诚"，这是《中庸》一书的中心。

八

回之为人也

【原文】

　　子曰："回①之为人也，择乎中庸，得一善，则拳拳服膺②而弗失之矣。"

【译文】

　　孔子说："颜回的为人，是选择了中庸之道，（并且）得到这一善道后就恳切忠谨地牢记在胸中，衷心信服，而不再丢掉它。"

注释

❶回：孔子最得意的弟子颜回，字子渊，所以也称颜渊。早逝。

❷拳拳服膺：拳拳，恳切、忠谨的样子。服膺，牢记在胸中，衷心信服。膺（yīng），胸。

说解

　　本章是以颜回为例，正面阐述第七章的道理。

　　在选择和坚守中庸之道上，颜回与那些自认为聪明的人，真是大不相同啊！颜回才是真正的智者。颜回是孔子最得意的弟子。可是在《论语》中，颜回的言论却很少。《论语》一开始，孔子就赞扬了颜回的优点："子曰：'吾与回言终日，不违如愚。退而省其私，亦足以发，回也不愚。'"（《论语·为政》第九章）孔子整天和颜回讲学问，他从不提出问题和不同意见，像是很愚。颜回为什么会这样？有两种可能：一种是真正听懂了，一种是没有听懂，又不好意思提问。从孔子后面的话看，颜回不但听懂了，而且有所发挥。孔子因材施教，对颜回这样能闻一知十的天才，一定讲授一些最高深的理论，并且一讲就是"终日"，而颜回都能消化吸收。这和颜回的深谙中庸之道是分不开的。对一个理论的正确理解，不发生过和不及（这一点很难），必须有择"中"的能力。

孔子还赞扬颜回"三月不违仁"，这是由于他能"得一善，则拳拳服膺而弗失之"。一个人心中的不违仁，外人怎么会知道？因为"诚于中"，则必然"形于外"。颜回的心中不违仁，表现在多方面：如"不迁怒，不贰过"（从不拿别人出气，也从不犯同样的过错）（《论语·雍也》第三章），"无伐善，无施劳"（不夸耀自己的长处，不表白自己的功劳）（《论语·公冶长》第二十六章），等等。通过对待生活的态度也能看出颜回心中之仁。孔子说："贤哉，回也！一箪食，一瓢饮，在陋巷，人不堪其忧，回也不改其乐。贤哉，回也！"（《论语·雍也》第十一章）颜回生活在人不堪其忧的环境中，而能不改其乐，与现实的痛苦世界若无交涉，他乐在何处？

孔子在谈到自己对生活的态度时也说："饭疏食，饮水，曲肱而枕之，乐亦在其中矣。"（《论语·述而》第十六章）师徒二人所乐的，并不是那种贫苦生活。孔子在这两段话中所说的"乐"，是指"知天（中庸之道）""乐天（中庸之道）"的那种洒脱的精神境界。

说是容易，真正能领会那种精神境界却是很难的。宋代大儒周敦颐给弟子们讲授本章时，教他的弟子们"寻孔颜乐处，所乐何事"，这道练习题留得非常好。周敦颐认识到了孔颜精神境界的核心处。

如果说颜回的"不迁怒，不贰过"是消极的克己的功夫，而本章的"得一善，则拳拳服膺而弗失之"则是积极地坚持中庸之道，守住本心善性的精神。合此二者，就可以看出颜回的修持功夫，无人可及。

"择乎中庸"是"智"，而"得一善，则拳拳服膺而弗失之"是"仁"。这就是"知及之，仁能守之"（《论语·卫灵公》第三十三章）。由颜回的"得一善，则拳拳服膺"，可见其内心之"诚"，这里已显出《中庸》后半部言诚的意义。

九

天下国家可均也

【原 文】

子曰："天下国家可均①也，爵禄可辞②也，白刃可蹈③也，中庸不可能④也。"

【译 文】

孔子说："天下国家是可以治理好的，爵位俸禄是可以辞退的，锋利的、白亮的刀刃是可以踩上去的，中庸之道是不能做到的。"

注 释

❶均：一般都作治理解。朱熹注说："均，平治也。"有人解作"分"，意思是天下国家可以分给别人。

❷爵禄可辞：爵禄可以辞退。爵是公侯伯子男等爵位。禄，俸禄。

❸蹈（dǎo）：践踏，踩。

❹中庸不可能：中庸之道不能做到。

说 解

天下国家可均是凭智力，爵禄可辞表现仁德，白刃可蹈是凭勇气。从历史来看，把天下国家治理好、辞退爵禄、从容就义是很难的事情，但凭智力、仁德、勇气是可以做到的。如秦皇、汉武、齐桓、晋文，有的统一了天下，有的建立了霸业；又如晋国的介之推，为逃避晋文公的封赠而自焚；"慷慨捐躯易，从容就义难"，如子路从容死于卫国的内乱、荆轲刺秦王等。

　　上述难能之事，凭智、仁、勇都有人可以做到，但中庸之道却很少有人真正做到。它是否比均天下国家、辞爵禄、蹈白刃更难？并不难。中庸之道是日常生活的常道，如父慈、子孝、兄友、弟恭、诚信等，都是人人可以做到的，但能坚持中庸之道的却很少。孔子的著名弟子如子张、子夏等不是过，就是不及。朱熹为这句作注说："均，平治也。三者亦知、仁、勇之事，天下之至难也，然不必其合于中庸，则质之近似者，皆能以力为之。若中庸，则虽不必皆如三者之难，然非义精仁熟，而无一毫人欲之私者，不能及也。三者难而易，中庸易而难。此民之所以鲜能也。"（《中庸章句》注）就拿父慈子孝来说，父慈常常偏于溺爱，子孝往往流于形式。如孔子所说："色难，有事弟子服其劳，有酒食先生馔，曾是以为孝乎？"（《论语·为政》第八章）所以，就是最常见的父子关系，也难以做得合乎中庸之道。

　　此章也是承上章以起下章。

十

子路问强

【原文】

子路①问强。子曰:"南方之强与?北方之强与②?抑而强与③?宽柔以教,不报无道④,南方之强也;君子居之⑤。衽金革,死而不厌⑥,北方之强也;而强者居之⑦。故君子和而不流⑧,强哉矫⑨!中立而不倚⑩,强哉矫!国有道,不变塞焉⑪,强哉矫!国无道,至死不变⑫,强哉矫!"

【译文】

子路问怎样叫作"强",孔子说:"你问的是南方人崇尚的强呢,还是北方人崇尚的强呢?还是你自己所应行的强呢?以宽柔的态度来教化不及自己的人,虽然别人对自己强横无理,自己也不报复,这是南方人的强,君子以这种态度自处。以兵戈甲胄作为枕席,至死都不后悔,这是北方人的强,强者以这种态度自处。(二者均有所偏,)所以有德的君子随和而不同流合污,这样的强才是强壮、勇武,无人可比!保持中立而不偏不倚,这样的强才是强壮、勇武,无人可比!国家政治清明时,自己虽已富贵,也不改变当初穷困时的操守,这样的强才是强壮、勇武,无人可比!国家政治昏暗时,自己虽已穷困,也不肯曲学阿世,至死都不改变自己的主张,这样的强才是强壮、勇武,无人可比!"

注　释

❶子路:孔子的得意弟子仲由的字。子路姓仲,名由,字子路。孔子说:

"由也喭（yàn）。""喭"就是刚直勇猛，遇事粗鲁。孔子还说："由也好勇过我。"子路平时是以勇敢自负的。

❷南方之强与，北方之强与：是南方人所崇尚的强呢，还是北方人所崇尚的强呢。与（yú），在古代汉语中用得较多的疑问语气词。其语气没有"乎"那样强烈。

❸抑而强与：还是你自己所应行的刚强呢？抑，连词，表示转折或选择。这里表示选择，相当于"或是""还是"。"而"在这里是第二人称代词"你"。

❹宽柔以教，不报无道：以宽柔的态度来教化不及自己的人，虽然别人对自己强横无理，自己也不报复。

❺君子居之：南方风气柔弱，所以用忍让胜过别人为强。南方君子以这种态度自处。居，是安的意思。

❻衽金革，死而不厌：以兵戈甲胄作为枕席，至死都不后悔。衽（rèn），睡觉用的席子。这里用作动词，作为席子。金，指兵戈。革，指甲胄。

❼强者居之：北方的风气刚劲，所以用果敢之力胜过别人为强。北方的强者以这种态度自处。

❽和而不流：君子随和而不同流合污。

❾强哉矫（jiǎo）：这样的强，才是强壮、勇武，无人可比。矫，强壮勇武、矫健。

❿中立而不倚：保持中立而不偏不倚。

⓫不变塞：虽已富贵，也不改变当初穷困时的操守。塞，不通、未达。

⓬国无道，至死不变：国家政治昏暗时，虽已穷困，也不肯曲学阿世，至死都不改变自己的主张。

说　解

南方之强，有君子之风，但并不是真正的强，因为偏于柔弱，一味忍让，虽似有德之人，对人宽柔，犯而不校，但实际上并不是真正的强。这样的强，有时不能坚持原则，偏离正道。

　　北方之强，虽然有强者之风，"衽金革，死而不厌"，但实际上并不是真正的强。这样的强，常常做得过分。子路是以勇武自负的，孔子批评他说："暴虎冯河，死而无悔者，吾不与也。必也临事而惧，好谋而成者也。"（《论语·述而》第十一章）孔子还教育子路要加强学习，说："好勇不好学，其蔽也乱；好刚不好学，其蔽也狂。"（《论语·阳货》第八章）

　　真正的强，是要由修养而致的。人的气质大多有所偏，必须通过正心、诚意、修身来变化气质，才能成为强者。真正的强者，会随环境的不同而有恰当的表现，看起来也许不够强，实际是真正的强，是任何力量都推不倒的。"和而不流"以下四句，正是无过无不及的中庸之道的表现。

十一

素隐行怪

【原 文】

子曰："素隐行怪^①，后世有述^②焉，吾弗为之矣。君子遵道而行，半涂而废，吾弗能已^③矣。君子依乎中庸，遁世不见知而不悔^④，唯圣者能之。"

【译 文】

孔子说："探求隐僻的事理，做怪异的事情，即使后世能够有所传述，我也不会去做。君子遵循正道而行，走到半路（即使遇到困难、感到力量不足，）似乎需要停下来，我也不会停下来。君子依从中庸之道，隐居世间不被人了解也不后悔，这只有圣人能够做到。"

注 释

❶素隐行怪：探求隐僻的事理，做怪异的事情。素，朱熹说："当作'索'，盖字之误也。"索，求也。

❷述：传述。

❸吾弗能已：我不能停止。已，止也。

❹遁世不见知而不悔：虽隐遁不为人知，也不后悔。遁，隐遁。

说 解

在这一章，孔子批评了两种不良现象，提出了君子应行的正道。

第一，探求隐僻的事理，发表奇谈怪论，做一些怪异的事情，耸人听闻，容易为世人所知，也许能留名后世。如果是有意为之，那就是欺世盗名，不是有德的君子所应做的。由此可见儒学的常道性格。宗教多带有一些神秘特异的气氛，所以很容易吸引人。而儒学不脱离人的日常行事，只要求人复其本有的善性（良知），指出"下学"即可"上达"，而与天道相遥契。一个人只要反躬自省，诚心修身养性，就可领悟其中奥秘。儒学是从平易中见高明，从庸常中显深远。儒学好比是大地，而神奇诡异，都是"平地起土堆"（不管多神奇，只是广袤大地上的一个小土堆而已——陆象山语）。这些土堆不只是不必要，而且有害于道。因为那些神奇诡异会使人的精神歧出，不去走正心、诚意、修身的正道，而是求助于外在的力量得到超脱。

第二，能"遵道而行"的人，是已经知道一个人应遵行中庸之道，这样的人堪称君子，但半途而废，就说明他力量的不足。朱熹注说："此其知足以及之，而行有不逮。"力量不足不是说"体力""智力"不足，而是说"心力"不足。生命不纯，有私心杂念，所以内在之诚不能充分实现，阻力重重，难以贯彻始终，不得不半途而废。孔子则说他自己不能停止，因为他是至诚者，生命纯一不杂。朱熹注说："盖至诚无息，自有所不能止也。"其实，一般人若能"择乎中庸"，"拳拳服膺而弗失之"，也不会半途而废。《中庸》后文说的"致曲"（第二十三章），就是这个意思。

最后，孔子指出了君子应遵循之道。"君子依乎中庸，遁世不见知而不悔。"这是中国的传统美德。在《易经·乾·文言传》里就说："不易乎世，不成乎名，遁世无闷，不见是而无闷。"（不为世俗所转移，不求成名，避世隐居而没有苦闷，世人不看见他的正确而没有苦闷。）这就是"潜龙勿用"中"龙"的态度。孔子也说："用之则行，舍之则藏。"（用我，我就去干；不用我，我就隐藏起来。）（《论语·述而》第十一章）《论语》的第一章就引用孔子的话说："人不知而不愠，不亦君子乎！"君子的生命全幅是德性的流行，消解名利思想，自由自在。所以当下就可以自足，而无求于外。但道若不行，不被人了解，自己不见用，也可以知命而安。这就是圣人的人格表现。只有内心纯是天理，无一毫人欲之私，才可以达到如此境界。

孔子最后说："唯圣者能之。"意思是"君子依乎中庸，遁世不见知而不悔”，自己还没有做到，只有圣人才能够做到。这是孔子的自谦，孔子从未认为自己是圣人。他说：“若圣与仁，则吾岂敢！”（《论语·述而》第三十四章）其实，“遁世不见知而不悔”，正是出自孔子自己的体验。

《中庸》引孔子的话来解释首章的意思，到此章为止。

十二

君子之道费而隐

【原文】

　　君子之道，费而隐①。夫妇之愚，可以与知焉②；及其至③也，虽圣人亦有所不知焉④。夫妇之不肖，可以能行⑤焉；及其至也，虽圣人亦有所不能焉⑥。天地之大也，人犹有所憾⑦。故君子语大，天下莫能载⑧焉；语小，天下莫能破⑨焉。《诗》云⑩："鸢飞戾天⑪，鱼跃于渊。"言其上下察⑫也。君子之道，造端⑬乎夫妇，及其至也，察乎天地⑭。

【译文】

　　君子之道广大而本体又精微难明。普通夫妇虽然头脑愚笨，但对"道"也能够有所了解；至于道的最高境界，即使是圣人也不能尽知。普通夫妇虽然不贤德，也能够实践道；至于道的最高境界，即使是圣人也不能做到。天地是极其广大的，人们还是感到有一些遗憾不足的地方。所以君子说到大，天地间没有东西可以承载它（容不下它）；说到小，天地间没有东西可以攻破它。《诗经·大雅·旱麓》说："鸢鹰飞呀飞上天，鱼儿跃呀跃在渊。"讲的就是"道"彻上彻下都是在流行昭著。君子之道，发端于普通夫妇，至于它的最高境界，显明昭著于天地上下（天地间，到处都显明地有道体在流行）。

注　释

　　❶君子之道，费而隐：君子之道，广大而本体精微难明。费，用财多。用在抽象事理上，可作"广大"解。

❷夫妇之愚，可以与知焉：虽普通夫妇，头脑愚笨，也能够有所了解。与（yù），参与。

❸至：极致，最高境界。

❹虽圣人亦有所不知焉：（道的最高境界）即使是圣人也不能尽知。

❺夫妇之不肖，可以能行：普通夫妇虽然不贤德，也能实践。

❻虽圣人亦有所不能焉：（道的最高境界）即使是圣人也不能达到。

❼天地之大也，人犹有所憾：天地是极其广大的，但人们还是感到有一些遗憾不足的地方。

❽天下莫能载：天地间没有东西可以承载它。

❾天下莫能破：天地间没有东西可以攻破它。

❿《诗》云：指《诗经·大雅·旱麓》。旱麓，旱山山脚。

⓫鸢飞戾天：老鹰高飞到天上。鸢（yuān），鹞鹰、老鹰。戾（lì），到达。

⓬上下察：彻上彻下，都是道在流行昭著。察，昭著。

⓭造端：开始。

⓮及其至也，察乎天地：至于它的最高境界，就显明昭著于天地上下（天地间，到处都显明地有道体流行）。

说 解

朱熹认为《中庸》是子思所作，所以他认为这一章是子思的话，在阐明首章"道不可须臾离"的意思。以下八章有时又引用孔子的话阐明这个意思。

"君子之道，费而隐"，是说道体至为广大，充塞于天地间，无所不在；而道又隐微深奥，难以了解。朱熹认为"广大"指道之用，"隐微"指道之体。即道之大用可见，因为道之用就显现在生活之中，人间事物到处都是道体流行；而道之本体却难以了解，因为道体无影无形，不可测度。说道体广大，就是没有文化的普通夫妇也能了解，因为伦常日用中离不开道，如父慈子孝、男婚女嫁、生儿育女等，都是人道之常，人们都知道，而且都依道而行。可是精微的道体，即使是圣人也不能全都了解。所以，自古以来，世界大思想家对"道"

就有不同的理解。

儒家认为"道"不是外在的，而在人本身。天赋予人的善性——"仁"就是道。天地运行、生生化育也体现了"仁"，所以人之道遥契天之道，从"道"看，天人是合一的。这也正如《中庸》开头所说："天命之谓性，率性之谓道。"（参看第一章）

本章的中心是说"道不可须臾离"。"道"遍及一切的存在，天地间的一切莫不有道的昭著，但人们日用而不知。宋朝的胡五峰说："道充乎身，塞乎天地，而拘于躯者不见其大；存乎饮食男女之事，而溺于流者不知其精。"（《知言》卷一）又说："夫妇之道，人丑之者，以淫欲为事也；圣人安之者，以保合为义也。接而知有礼焉，交而知有道焉，惟敬者为能守而勿失也。"（同上）他说得很深刻，事实的确如此。若能有觉悟，就能明白"道"就在饮食男女之事中。有了这种觉悟，就能修身，敬道遵道而行。

这种觉悟，只是就饮食男女夫妇之道来了解道，这是人道。但天道"於穆不已"，浩浩无穷，不是我们的有限生命所能尽知的。所以，君子也有所不知不行。但君子不满足于已知的东西，要求能尽知，能尽行。正像孔子说颜回："惜乎！吾见其进也，未见其止也。"（《论语·子罕》第二十一章）所以，"君子语大，天下莫能载焉；语小，天下莫能破焉"。即君子所说的理想，是广大无涯的，无论世界如何完美，也不能满足君子的愿望。"语小"之"小"，是指道体的精微（不是指物质的最小单位），道体精微纯一，而又至显至察，又有什么力量能攻破它呢？

本章引用的《诗经·大雅·旱麓》，原来是一首祭歌。在旱山山脚，祭天祭地，求福求禄。"鸢飞戾天，鱼跃于渊"，写出了大自然生机勃勃的生命力，鼓舞人们向前。《中庸》引用这两句诗，已离原意，意在使人感到整个天地都是天道生德的流行：活活泼泼，既是形容道体的创造性；生机勃勃，也是形容人们体验到道时充满生意的心境。而其实，在心中所呈现的生机勃勃，就是天道生德的流行，体现了天道之"仁"。

既然道充塞于天地，则君子在伦常日用中所表现的道（人道），若能充类至尽、纯一无杂，就与天地之道合。可知君子之道的实践，不只是人道，也是天道。人在实践人道时，也忘不了祭天。在此伦常日用中表现的道，实是一切事物所共由之道。

十三

道不远人

【原文】

子曰："道不远人①，人之为道而远人，不可以为道②。《诗》云：'伐柯，伐柯，其则不远③。'执柯以伐柯，睨④而视之，犹以为远。故君子以人治人，改而止⑤。忠恕违道不远⑥，施诸己而不愿，亦勿施于人⑦。君子之道四，丘未能一焉⑧。所求乎子以事父⑨，未能也；所求乎臣以事君，未能也；所求乎弟以事兄，未能也；所求乎朋友先施之⑩，未能也。庸德之行⑪，庸言之谨，有所不足，不敢不勉；有余不敢尽⑬。言顾行，行顾言，君子胡不慥慥尔⑬！"

【译文】

孔子说："道不远离人事，人如果修道而远离人事，那个'道'就不是'道'。《诗经·豳风·伐柯》说：'用斧子砍伐木材用来做斧柄，它的样式离你并不远。'手握斧柄来砍制斧柄，斜着眼睛看，仍以为差得很远。所以，君子依人的本性来教化人，其人能改正，就可以停下来，不必再教了。忠和恕离道不远，施加在自己身上而不愿意，就不要再施加在别人身上。君子之道有四个方面，我孔丘一个方面也没有做到。以要求儿子侍奉父亲的态度来侍奉自己的父亲，没能做到；以要求臣下侍奉国君的态度来侍奉自己的国君，没能做到；以要求弟弟侍奉兄长的态度来侍奉自己的兄长，没能做到；以要求朋友对待自己的态度先去对待朋友，没能做到。日常道德的实践，日常言谈的恭谨，做得不够的，不敢不加勉力；做得够了仍行有余力，也不敢用尽，以免过分。说话要考虑能否做到；行动要考虑和自己言论是否一致。这样，君子怎么不笃厚诚实呢？"

注 释

❶道不远人：道不远离人事。"率性之谓道"，性乃天赋，人人具备，所以道不是远离人事而外在的、独自存在的东西。

❷人之为道而远人，不可以为道：人如果修道而远离人事，那就不是道。有些人认为伦常日用之道太平常，道应该高远，所以就往高处用力，把道说得玄之又玄，甚至与宗教迷信合流。真是"道在迩而求诸远"。

❸伐柯，伐柯，其则不远：这是《诗经·豳风·伐柯》中的句子。"柯"是斧柄。"则"是样式。两句诗是说：用斧子砍伐木材来做斧柄，究竟砍什么样的木材才合适呢？斧柄的样式并不远，就握在伐木人的手里。

❹睨（nì）：斜着眼睛看。

❺以人治人，改而止：依人的本性来教化人，如果其人能改正，能恢复其本性，就可以停下来，不必再教化了。朱熹注说："若以人治人，则所以为人之道，各在当人之身，初无彼此之别。故君子之治人也，即以其人之道，还治其人之身。其人能改，即止不治。"

❻忠恕违道不远：忠恕之德，离道并不远。因为忠恕出自人性，发自本心。违，相离。曾子曾说过："夫子之道，忠恕而已矣。"（《论语·里仁》第十五章）

❼施诸己而不愿，亦勿施于人：施加在自己身上而不愿意的，也就不要施加在别人身上。子贡曾对孔子说："我不欲人之加诸我也，吾亦欲无加诸人。"（《论语·公冶长》第十二章）在此之前，子贡曾向老师请教："有一言而可以终身行之者乎？"孔子告诉他："其恕乎！己所不欲，勿施于人。"（《论语·卫灵公》第二十四章）子贡大概对老师的教导心领神会，建立了行恕道的决心。

❽丘未能一焉：孔丘我一件也没能做到。丘是孔子自称。

❾所求乎子以事父：以要求儿子侍奉父亲的态度来侍奉自己的父亲。乎，介词，同"于"。

❿所求乎朋友先施之：以要求朋友对待自己的态度先去对待朋友。

⓫庸德之行：平常道德的实践。庸，平常。行（xíng），行为、实践。

⑫有余不敢尽：虽然有余力，也不敢做尽，以免过分。

⑬胡不慥慥尔：（君子）怎么能不笃厚诚实呢？胡，疑问代词。何，为什么、怎么。慥（zào），笃厚诚实的样子。

说 解

道不远离人事，因为"率性之谓道"，性乃天赋，人人具有。如果一个人没有私心杂念，遵循本性而行，那就合乎道。前一章说的男女居室，就是"率性"而行，就是"道"。所以"君子之道，造端乎夫妇"。

可是人们一听说"道"，就感到高深莫测。其实，道就在人事之中，并不远离人事。人道不是哪位权威人士想出来的，人道之根就在天赋的人性里，并不远离人事。人如果修道而远离人事，那就不是道。有些人认为，人的日用伦常之道太平常，道应该高远，于是就往高远处用力，把道说得玄之又玄，甚至与宗教迷信合流。须知"天道远，人道迩"，而"天道"与"人道"是同一的。想了解天道，必须先了解人道。所以修道之人，应先了解人道，不能"道在迩而求诸远"。

道不远人，即表示最广大高明的道就在最切近处，即在人当下的心中。所以治人之道，就在被治人的心中。这样治人者与被治者就没有区别。治人者以忠恕之道教化人，事事反求诸己，施诸己而不愿，就不施于人。而被治者在此时也会受感动而自然呈现其本性。这样，虽说是治人，实际上是修己。而在修己的过程中，别人自然会呈现其本性，自然会向善，如此我们还要来治人做什么？所以说应"改而止"。

孔子对曾子说："'参乎！吾道一以贯之。'曾子曰：'唯。'子出，门人问曰：'何谓也？'曾子曰：'夫子之道，忠恕而已矣。'"（《论语·里仁》第十五章）人能"忠恕"，则"违道不远"。因为"忠恕之道"最基本的要求是：时时想到别人，事事反求诸己。自己不愿意的事，不要加在别人身上。孔子在"反求诸己"上，为我们做出了榜样。他问自己：我要求儿子诚心诚意孝敬我，我自己是否也像要求儿子那样诚心诚意孝敬父母了呢？……他深深感到自己要求别人做的，自己还没能做到。因为孔子这样反求诸己，不断严格要求自己，所以常感到"有所不足，不敢不勉，有余不敢尽"。值得注意的是：孔子反求诸己的是伦常日用之事，并不是玄之又玄的道理。曾子的"吾日三省吾身"，也是这样。

由本章可知，忠恕是中庸之道的具体体现。既然忠恕之道是中庸之道的具体体现，那为什么孔子既已提出忠恕，又强调中庸呢？当代新儒家徐复观先生在《中国人性论史》中认为："就一个人的动机方面来说，就精神方面来说，则讲忠恕；尽心之谓忠，这是精神；推己之谓恕，依然是精神。就结果方面来说，就行为方面来说，则讲中庸；不偏与平常，皆须通过庸德庸言而见。忠恕与中庸，本是一事；随立教时的重点所在，因而有'从言之异路'。"

十四

君子素其位而行

【原 文】

君子素①其位而行，不愿乎其外。素富贵，行乎富贵②；素贫贱，行乎贫贱；素夷狄，行乎夷狄③；素患难，行乎患难。君子无入而不自得④焉！在上位不陵⑤下，在下位不援⑥上；正己而不求于人⑦，则无怨；上不怨天，下不尤人⑧，故君子居易以俟命⑨，小人行险以侥幸⑩。子曰："射有似乎君子，失诸正鹄，反求诸其身⑪。"

【译 文】

君子根据他现在所处的地位，去做他应该做的事，不羡慕本职以外的名利。现在富贵了，就按富贵的身份去做应做的事；现在贫贱了，就按贫贱的身份去做应做的事；现在处于夷狄，就按在夷狄的处境去做事；现在处于患难之中，就按在患难的处境去做事。君子无论到哪里，也不论处于什么境地，都安然自得。居于上位，不欺凌处在下位的人；处在下位，不去攀援、巴结在上位的人；端正自己，而不苛求别人，就没有怨恨；上不埋怨天，下不责怪别人，所以君子安于所处的境地以等待天的赐命，而小人不走正道，靠冒险企望意外获得成功或免于不幸。孔子说："射箭有些像君子的作风，射箭时未能射中箭靶，就反过来检查自己。（不能责怪弓、箭、箭靶、天气和别人。）"

注 释

❶素：现在。朱熹注说："素，犹见（现）在也。言君子但因见在所居之位，

而为其所当为，无慕乎其外之心也。"（《中庸章句》注）

❷素富贵，行乎富贵：现在富贵了，就按富贵的身份去做应做的事。

❸素夷狄，行乎夷狄：现在处于夷狄，就按夷狄的风土人情去做事。

❹无入而不自得：无论到哪里，也无论处于何种境地，都安然自得。

❺陵：欺侮。通"凌"。

❻援：攀援，巴结。

❼正己而不求于人：端正自己而不苛求别人。

❽上不怨天，下不尤人：上不埋怨天，下不责怪别人。尤，责怪。

❾居易以俟命：安于所处的境地，以等待天的赐命。易，平易。

❿行险以徼幸：不走正道，靠冒险企望意外获得成功或免于不幸。

⓫失诸正鹄，反求诸其身：人在射箭时，未能射中箭靶（失诸正鹄），只能检查自己的姿势，拉弓射箭是否都合乎要求（不能责怪弓、箭、箭靶、天气和别人）。鹄（gǔ），古代练习射箭所用的箭靶叫作"侯"，侯中叫作"鹄"，鹄的正中叫作"正"。

说 解

　　一个人懂得素位而行的道理，就不会为名利所纠缠，而成为名誉和金钱的奴隶。"素其位而行"，就是守中庸之道的具体表现。有人认为想守中庸之道，就是遇事不偏不倚，无过无不及。那是对人对事。守中庸之道的出发点，最重要的是"自己"要"素其位而行"。

　　"素其位而行"，就是根据自己现在所居之位，行其所当行。怎样知道"当行"与"不当行"呢？一个重要标准是：行之而心安的，就是"当行"；行之而心不安的，就是"不当行"。人都有良知，做了好事心安，做了坏事而心不安，是人之常情。本着行之而心安之道而行，就会无处而不安。孔子就很强调心的安与不安（请看《论语·阳货》第二十一章）。

　　本章举出的素位而行的四个方面，是取自《论语》。对待富贵与贫贱问题，子贡与孔子有一段对话：子贡问老师："贫而无谄，富而无骄，何如？"孔子说："可也，未若贫而乐，富而好礼者也。"（《论语·学而》第十五章）孔子的态度就是"素富贵，行乎富贵；素贫贱，行乎贫贱"。子贡的态度还不能说是"素其位而行"，在做人上只是勉强合格。"贫而无谄"，只是固穷；"富而无骄"，只是消极的有所不为。二者还都有贫富之心，但能"自守"。而"贫而乐，富而好礼"，则已超脱富贵而"不愿乎其外"了。

　　关于"素夷狄，行乎夷狄"，《论语》记有："子欲居九夷……曰：'君子居之，何陋之有？'"（《子罕》第十四章）因为孔子"素其位而行"，无论到哪里，也不论处于什么境地，都能安然自得。但孔子居夷狄不会变为夷狄，而是要行道，使夷狄成为懂得忠孝仁义的民族。

　　君子"素其位而行，不愿乎其外"，是不是就消极安命、无所作为了呢？当然不是。不但要干，还要把工作干好。"素其位而行"不能作为不求进取者的借口。你是教师，就要把学生培养好；你是军人，就要把国家保卫好；你是农民，就要把地种好；你是工程技术人员，就要设计、创造尖端的产品——在不同的岗位都应有所创造，这才叫真正的"素其位而行"。强调"素其位"，就是叫你走正道，这需要你无私心杂念，本心呈现。小人受私欲蒙蔽，本心放失，只能用冒险的办法，去得到不应得到的东西。

　　本章最后引用孔子的话结束上文。孔子是以射箭作比喻，告诫人们要做到"素其位而行"，要时时事事"反求诸其身"。

　　朱熹认为《中庸》是子思所作，所以他说本章是子思的话，而且推定：凡是一章的开头没有"子曰"的，都是子思说的。

十五

君子之道辟如行远必自迩

【原文】

君子之道，辟如^①行远必自迩^②，辟如登高必自卑。《诗》曰^③："妻子好合，如鼓瑟琴^④；兄弟既翕，和乐且耽^⑤；宜尔室家，乐尔妻帑^⑥。"子曰："父母其顺^⑦矣乎！"

【译文】

君子之道，正如往远处去，必从近处开始；正如登高，必从低处开始。《诗经·小雅·常棣》说："夫妻之间和睦美好，像琴与瑟那样配合默契。兄弟相聚在一起，和睦欢乐无比高兴。要使你的家人和睦融洽，要使你的妻子儿女快乐喜欢。"孔子说："（这样）父母也就安心快乐了吧！"

注 释

❶辟如：譬如。

❷行远必自迩：往远处去，必从近处开始。

❸《诗》曰：指《诗经·小雅·常棣》。这首诗写兄弟们共患难、御外侮，以及他们的宴饮之乐、室家之欢。诗中有"兄弟阋于墙，外御其务（侮也）"的名句。本章所引的也是名句。

❹妻子好合，如鼓瑟琴：夫妻之间和睦美好，像琴与瑟那样配合默契。

❺兄弟既翕，和乐且耽：兄弟相聚在一起，和睦欢乐，无比高兴。翕（xī），即"合"。耽（dān），沉溺、入迷。

❻宜尔室家，乐尔妻帑：要使你的家人和睦融洽，要使你的妻子儿女快乐喜

欢。帑（nú），儿女。

❼顺：安乐的意思。朱熹注，夫子诵此诗而赞之曰："人能和于妻子，宜于兄弟如此，则父母其安乐之矣。子思引诗及此语，以明行远自迩，登高自卑之意。"

说　解

　　君子之道，就好比往远处去必从近处开始，登高山必从低处开始。君子之道是高明广大的，但它是表现在伦常日用之中，即在妻子、兄弟、父母等伦常中实现。其实人生的真实意义、人的真生命，是在伦常中表现的，那是最真挚、最自然的表现。真挚自然之情，发自人的本心，看似平常，但那是一切伟大壮烈行为的根本。其实在这时，也不应有平凡与伟大的分别。即在伦常日用中实践，看似平常，而实则伟大，且是无伟大相的伟大。因为在伦常日用中，表现了真生命、真性情，所以是伟大；而此伟大是表现在伦常日用之中，所以又是平常。伟大而无伟大相，才是真正的伟大。一个人如能经常保持住这个在面对家人父子间呈现的真心常性，就自然会"亲亲、仁民、爱物"，视天下为一家，视中国为一人，心里至诚无私，人格圆满完成。

　　孔子在论《诗经·小雅·常棣》时说："父母其顺矣乎！"因为诗中说一个人既然能和于妻子，友于兄弟，则父母必能安心快乐了。不只如此，一个人若能齐家，自然可以治国、平天下。治国、平天下之道，与修身、齐家并无二致，这就是第三十三章所说的"君子笃恭而天下平"的意思。孟子也说："尧舜之道（治国之道），孝弟而已矣。"（《孟子·告子下》第二章）

　　从第十二章开始到本章，都是说道在近处，人能反求诸己，从当时的居心中反省，能以忠恕待人，自然无求于外；无入而不自得，自然能孝于父母，友于兄弟。而再高明伟大之事，也不能外于此。

　　从上几章看，"中"就是不偏不倚，"庸"就是平常。

十六

鬼神之为德

【原文】

子曰："鬼神之为德①，其盛矣乎！视之而弗见，听之而弗闻，体物而不可遗②。使天下之人，齐明盛服③，以承祭祀，洋洋乎如在其上，如在其左右④。《诗》曰⑤：'神之格思，不可度思，矧可射思⑥。'夫微之显，诚之不可掩⑦如此夫！"

【译文】

孔子说："鬼神的功德，是多么盛大啊！看它也看不见，听它也听不到，它是使物体生成而不可缺少的。使天下人都斋戒沐浴，穿着盛装来祭祀它。它洋洋溢溢就在人的上方，就在人的左右。《诗经·大雅·抑》说：'神灵的降临啊，是不能揣度的，又何况厌怠不敬呢！'鬼神是十分隐微的，却又如此显著，可见精诚不可掩盖。"

注释

❶鬼神之为德：鬼神的功德。

❷体物而不可遗：使物生成而不可缺少。体，动词，使物具有形体。

❸齐明盛服：斋戒沐浴，穿着盛装。齐，即"斋"。

❹洋洋乎如在其上，如在其左右：洋洋溢溢就在人的上方，就在人的左右。言鬼神之用，遍布于人的上下左右。洋洋，形容众多或丰盛。

❺《诗》曰：指《诗经·大雅·抑》。《抑》很长，有人说是大臣自警之词，朱熹说是周武王自警之词。第七章有这样的句子："相在尔室，尚不愧于屋漏。无曰不显，莫予云觌。神之格思，不可度思，矧可射思！"（看你一个人在屋里，

在黑暗角落里，也不要有愧疚。不要说这里不明显，没有人看见我。神灵的降临啊，是不能揣度的，又何况厌怠不敬呢！）

❻格：来。矧（shěn）：况且。射（yì）：通斁，厌倦。思：语气词，无义。

❼夫微之显，诚之不可掩：鬼神是非常隐微的，却又如此显著，可见精诚之不可掩盖。

说　解

本章借鬼神的作用来比喻诚道的作用。孔子在本章里赞扬了鬼神的功德。这段话，孔子是在什么情况下说的，谁记下来的，都没有记载。

在《论语》里，有几章孔子阐述了自己对鬼神的态度。孔子对鬼神的根本态度是"敬鬼神而远之"（《雍也》第二十二章），而且"子不语怪力乱神"（《述而》第二十一章），可以看出孔子对鬼神是存而不论的。这样，就摆脱了古代迷信鬼神的观念。这是中国人文精神的进步表现。

但孔子并没有直接否定鬼神的存在，而且说："祭如在，祭神如神在。"（《八佾》第十二章）认为人在祭祀时，是要以把鬼神当作真正存在那样的态度来对待的。在祭祀者的诚挚之心中，当然希望所祭的对象是存在的。在这种情况下，我们不必争论鬼神是否真有。在祭祀者以至诚祭其先祖时，心中所愿鬼神之为有，与承认鬼神之为客观、实在的意义并不一样。可以说，祭祀时所肯定为有的鬼神，是与祭者的诚心一体呈现的。其实，离开了诚心，就没有所谓的鬼神。即这是对祭祀者希望被祭者仍然存在的一种诚心的肯定，所谓"心诚则灵"，不是一般的迷信鬼神存在的想法。这是《中庸》后文所说"事死如事生，事亡如事存"之义。现在《中庸》言鬼神，盛言鬼神之德，也是在上述诚敬心情的要求下说的，并不是肯定鬼神为客观的实在（当然也不是说鬼神一定不存在）。这是就仁心诚体之不已，遍及一切，对鬼神也要求能有所通而说的。

有人认为这一章及十七、十八、十九各章，与《中庸》的本文无关，是由礼家所掺杂进来的。但前面已经反复说明：《中庸》是由内心之诚以言鬼神的功用，借鬼神的功用，以显诚之不可掩。可知本章和以下几章的思想也不是与

《中庸》的本文无关。至诚之心无有不及，是遍及天地、日月、四时、鬼神的。若一定不让人说通于鬼神，则仁心为有限，就不是体物不遗的本体论、宇宙论意义的本体了。

十七

舜其大孝也与

【原文】

子曰："舜其大孝也与！德为圣人①，尊为天子②，富有四海之内；宗庙飨之③，子孙保之④。故大德，必得其位⑤，必得其禄，必得其名，必得其寿。故天之生物，必因其材而笃焉⑥，故栽者培之，倾者覆之⑦。《诗》曰⑧：'嘉乐君子，宪宪令德⑨，宜民宜人⑩，受禄于天⑪；保佑命之，自天申之⑫。'故大德者必受命。"

【译文】

孔子说："舜可以说是大孝了！舜在德行上，可以称为圣人，其位是天子之尊，在财富上拥有整个天下；宗庙里祭祀他，他的子孙保有他的德业。所以，有大德的人，一定会得到应得的地位，一定会得到应得的俸禄，一定会得到应得的名誉，一定会得到应得的寿命。所以，天生万物，必根据各自的材质而加重，有可种植之材，必加培育；有将倾倒不可救药之树，就让它覆亡。《诗经·大雅·假（嘉）乐》说：'欢喜快乐的君子，拥有盛大光耀的美德。安抚民众，任用贤臣，承受上天给予的禄位；保佑他，命令他，上天一再把福禄降给他。'所以有大德的人，一定会得到上天的赐命。"

注　释

❶德为圣人：舜在德行上可称为圣人。

❷尊为天子：其位是天子之尊。

❸宗庙飨之：有宗庙来祭祀他。飨（xiǎng），祭祀。

❹子孙保之：有子孙保其德业。

❺故大德，必得其位：所以有大德的人，一定会得到应得的地位。

❻必因其材而笃焉：必根据各自的材质而加重。

❼栽者培之，倾者覆之：有可种植之材，必加培育；将倾倒之树（已不能救活），就让它覆亡。

❽《诗》曰：指《诗经·大雅·假（嘉）乐》。这首诗写周天子能安民用人，受天福禄。

❾嘉乐君子，宪宪令德：欢喜快乐的君子，拥有盛大光耀的美德。宪宪，盛大光耀。令德，美德。

❿宜民宜人：安抚民众，任用贤臣。

⓫受禄于天：承受上天所给予的禄位。

⓬自天申之：上天把福禄一再降给他。申，重复。

说 解

本章是说大德者必受命，并以舜为例子来证明。舜大孝，有至德，结果被尊为天子。所以，有德者必有位，有至德者必会受命为天子。这种想法符合古代人的理想。孔子说的有德者必有位、大德者必受命，能得到人们的肯定和信服，是有理由的。因为有德者行德政，必得民心。孔子的话体现了传统的民本思想，也是人们的理想。古代人希望像舜这样有至德的人为天子，以便自己过上不愁衣食的生活。可是在现实中，像孔子那样的有德者却未必有位，而有位者未必有德。现实情况孔子非常清楚，他之所以还要说有德者必有位、大德者必受命，是因为那是"道"，孔子奔走一生，就是为了行道，实现道。如果没有这样的理想，相信它是不可动摇的真理，他又为了什么去奔走呢？

孔子的话是合乎人们的道德理想的。这种想法后来逐渐发展成为"天人相应说"。天有阴阳，人有善恶；天好生恶杀，所以人君应行仁政。"善有善报，恶有恶报"，但"天人相应"与孔子的说法是不同的。据"天人相应说"，人做好事是为了得到上天的赏赐，人不敢为非作歹是因为怕上天的惩罚。这就不是纯道德的行为。因为为了求福而行善，是出自私心，怀着私心而行善，是没有道德意义的。

舜的大孝出自本性（良知），没有任何私心杂念。在《孟子·尽心上》第三十五章，弟子桃应问孟子："舜为天子，父亲瞽瞍杀了人怎么办？"孟子说："把他逮捕起来就是了。"桃应问："难道舜不阻止吗？"孟子说："怎么能阻止呢？皋陶逮捕瞽瞍是有根据的。杀人就应该逮捕。"桃应问："那么舜又怎么办呢？"（一个大孝子眼看到父亲受法律处分而不闻不问吗？）孟子说："舜把抛弃天子之位看得像抛弃一双破鞋一样。他会偷偷地背着父亲逃走，沿着海边住下来，一辈子都很快乐，把曾经做过天子的事忘掉。"至德者行善是没有任何私心杂念的。所谓"素其位而行"，舜身为天子，又是儿子，两相比较，"孝"为大，所以他毫不犹豫地做了一个儿子应该做的事。在这个故事中，蕴含着儒家的道德理想。

伦常日用，男女居室，符合"中庸之道"；有德者必有位也符合"中庸之道"。但后者提出天道，是中庸思想的精微处。朱熹在本章之后作注说："此由庸行之常，推之以极其至，见道之用广也。而其所以然者，则为体微矣。后二章亦此意。"

十八

无忧者其惟文王乎

【原文】

子曰："无忧者，其惟文王乎①！以王季为父，以武王为子；父作之，子述之②。武王缵③大王、王季、文王之绪④，壹戎衣⑤而有天下，身不失天下之显名；尊为天子，富有四海之内；宗庙飨之，子孙保之。武王末受命⑥，周公成文武之德⑦，追王⑧大王、王季，上祀先公⑨以天子之礼。斯礼也，达乎诸侯、大夫及士、庶人。父为大夫，子为士；葬以大夫，祭以士。父为士，子为大夫，葬以士，祭以大夫。期之丧⑩，达乎大夫；三年之丧⑪，达乎天子⑫；父母之丧，无贵贱一也。"

【译文】

孔子说："没有忧虑的，只有周文王吧！王季是父亲，武王是儿子。父亲王季创立了基业，（传给文王，）儿子武王又加以继承。武王继承了太王、王季、文王的功业，消灭大国殷商而有天下，自身没有失去在天下的显赫名声，在地位上有天子之尊，在财富上拥有了天下之富，宗庙里祭祀着他，子孙们守住了他的基业。武王在晚年受天命为天子，周公继续完成了文王、武王的德业，追崇太王、王季为帝王，祭祀先祖采用了天子的礼仪。这种礼仪，一直通行到诸侯、大夫以至士和庶民。父亲是大夫，儿子是士，丧葬采用大夫的礼，祭祀采用士的礼。父亲是士，儿子是大夫，丧葬采用士的礼，祭祀采用大夫的礼。丧期一年的丧礼，通行于大夫；丧期三年的丧礼，一直上通天子。父母的丧礼没有贵贱的区别，规格是一样的。"

注 释

❶无忧者，其惟文王乎：没有忧虑的，只有周文王吧！

❷父作之，子述之：父亲创立了基业，儿子加以继承。父，指文王的父亲王季。子，指武王。作，这里指创业。述，遵循、继承。

❸缵（zuǎn）：继承。

❹绪：事业，功业。

❺壹戎衣：消灭大国殷商。壹，即"殪"，死、杀死。戎，大。衣，即"殷"。

❻末受命：晚年受天命为天子。

❼成文武之德：完成文王和武王的德业。

❽追王（wàng）：追加太王、王季的王号。王，动词。封王号。

❾先公：太王以上的祖宗。

❿期之丧：丧期一年的丧礼，旁系亲属的丧礼。期（jī），一年。

⓫三年之丧：丧期三年的丧礼，父母之丧礼。

⓬达乎天子：旁系的一年的丧礼，到大夫为止。而父母的三年的丧礼，则一直上通天子。

说 解

　　本章是接续前一章，孔子对"大德者必受命"的主张，作了更进一步的说明。孔子是以周朝的兴起为例的。开始是说周文王有至德，有"父作之，子述之"，所以无忧，最为有福。接着是说周武王。武王继承了先人的功业，灭掉殷朝，安定天下，被"尊为天子，富有四海之内，宗庙飨之，子孙保之"。这就具体说明了"大德者必受命"的道理。最后是说周公。周公定礼乐制度，完成了文王、武王的德业。周公追封先祖为王，并用天子之礼祭祀先祖。正是周公礼法规定的"葬用死者之爵，祭用生者之禄"。这又为法于天下，使天下皆知所以亲其亲。朱子注说："父母之丧，上下同之，推己以及人也。"

十九

武王周公其达孝矣乎

【原 文】

子曰："武王、周公其达孝①矣乎! 夫孝者善继人之志, 善述人之事者也。春秋②, 修其祖庙, 陈其宗器③, 设其裳衣④, 荐其时食⑤。宗庙之礼, 所以序昭穆⑥也; 序爵⑦, 所以辨贵贱也; 序事⑧, 所以辨贤也; 旅酬⑨下为上, 所以逮贱⑩也; 燕毛⑪, 所以序齿⑫也。践其位⑬, 行其礼⑭, 奏其乐⑮; 敬其所尊, 爱其所亲⑯; 事死如事生, 事亡如事存⑰, 孝之至也。郊社之礼⑱, 所以事上帝也; 宗庙之礼, 所以祀乎其先也。明乎郊社之礼, 禘尝⑲之

【译 文】

孔子说："周武王、周公可以说是最孝顺的了。所谓孝, 就是善于继承祖先的遗志, 善于继承祖先的事业。在春秋两季, 修缮好自己的祖庙, 陈列好祖宗传留下来的宝器, 摆设好祖先留下来的衣裳, 供奉上应时的食品。宗庙的礼仪, 是用来排列辈分先后的; 排列爵位的等级, 是用来分别身份贵贱的; 分配事项, 是用来辨别各个人的才能的; 互相敬酒, 由晚辈给长辈敬酒, 是为了让晚辈有机会参加宗庙祭祀, 表示敬意; 宴饮时按头发的黑白确定位置, 是用来表明年龄长幼的。(在祭祀中) 登上祖先的神位, 行祖先的礼仪, 奏祖先的音乐; 敬重祖先所尊敬的人, 爱护祖先所亲近的人; 对死去的祖先就像他们还活着一样对待, 对已经不在了的祖先就像他们还在那里一样对待——这就是孝的最高表现。郊祭、社祭的礼仪, 是用来祭祀上帝的; 宗庙的礼仪, 是用来祭祀自己祖先的。懂得了郊祭、社祭的礼仪, 禘祭、尝祭的意义, 治理国家就如同看手掌上

义，治国其如示诸掌乎^⑳！"｜的东西一样容易了。"

注　释

❶达孝：天下人都说他孝、至孝。达，通也。

❷春秋：指春秋祭祀时。

❸陈其宗器：陈列祖宗传留下来的宝器。

❹设其裳衣：摆设好祖先留下的衣裳。衣裳，上曰衣，下曰裳。又裙子为裳，古时男女都穿。

❺荐其时食：供奉上应时的食品。

❻序昭穆：排列辈分的先后。古代宗庙之制，始祖庙居中，以下皆父为昭，子为穆。昭居左，穆居右。行礼时，子孙的排列，按辈分的先后，以昭穆为序。

❼序爵：排列爵位的等级。

❽序事：分配事项。宗庙祭祀有许多事需要合适的人去做，人们以担任一定的工作为荣。

❾旅酬：互相敬酒。旅，众。酬，敬酒。朱熹注说："旅酬之礼，宾弟子、兄弟之子，各举觯（zhì，酒器）于其长，而众相酬。"

❿逮贱：让晚辈有机会参加宗庙祭祀，表示敬意。

⓫燕毛：饮宴时按头发的黑白确定位置。燕，同"宴"。朱熹注说："祭毕而燕（宴），则以毛发之色别长幼，为坐次也。"

⓬序齿：表明年龄长幼。齿，年龄。

⓭践其位：（在祭祀中）登上祖先的神位。其，指祖先。

⓮行其礼：行祖先的礼仪。

⓯奏其乐：奏祖先的音乐。

⓰敬其所尊，爱其所亲：敬重祖先所尊敬的人，爱护祖先所亲近的人。以上各句是表示不敢忘记祖先。

⓱事死如事生，事亡如事存：对死去的祖先，就像他们还活着一样对待；对已经不在了的祖先，就像他们还在那里一样对待。

⑱郊社之礼：祭天祭地的礼仪。郊，祭天；社，祭地。

⑲禘尝：禘（dì），只有天子才能举行的大祭，五年举行一次。尝，每年秋天举行的祭礼。

⑳治国其如示诸掌乎：治理国家就如同看手掌上的东西一样。言其容易。这句话取自《论语·八佾》第十一章："或问禘之说。子曰：'不知也。知其说者之于天下也，其如示诸斯乎！'指其掌。"

说 解

上一章最后说周公制礼作乐，完成了文王、武王的德业，本章进一步说明了周公制礼作乐的意义。所谓孝，不只是在祖先活着的时候能好好侍奉，取得祖先的欢心，这是孝的一方面；孝的另一方面就是"善继人之志，善述人之事"，不能把祖先忘掉。为了继承祖先的遗志、事业，不忘掉祖先，必须有完整的礼乐制度。周公之所以被孔子奉为自己的理想人物，主要是因为他为中国建立了一套完整的礼乐制度。

本章第一段是说怎样进行宗庙祭祀。"春秋，修其祖庙，陈其宗器，设其裳衣，荐其时食。"

第二段是说宗庙祭祀的一些礼仪制度的意义："序昭穆""辨贵贱""辨贤""逮贱"，表明宗庙祭祀不只是祭奠祖先，也是为了教育后辈，使现实社会贵贱有别，长幼有序。这样的社会才是完美的，祖先在天之灵也可安心。

接着是说宗庙祭祀给祭祀者的心灵带来的巨大影响。"践其位，行其礼，奏其乐"，祭祀者的虔诚的心灵，就与祖先相通，"祭如在"，好像祖先就在那里。在平时的生活中，能"敬其所尊，爱其所亲；事死如事生，事亡如事存"，表现出对祖先的最高的孝敬。

最后一段是说人不能忘其祖先，推而至于祭天地，以表示不敢忘天地之德，要遵天地之道。一个真能懂得这些道理的人，在为政上，不会违背天意，正像尧告诫舜的那样："天之历数在尔躬，允执其中。四海困穷，天禄永终。"（《论语·尧曰》第一章）这样的人治理国家，一切都能符合中庸之道，国家就会治理好，不会有什么困难。

二十

哀公问政

本章是《中庸》中最长的一章。东汉经学家郑玄把它分为七节。本书就按郑玄的意见，分七节来解说。

【原 文】

哀公①问政。子曰："文、武之政，布在方策②。其人存，则其政举；其人亡，则其政息。人道敏政③，地道敏树。夫政也者，蒲卢④也。故为政在人⑤，取人以身⑥，修身以道，修道以仁。仁者，人也，亲亲为大；义者，宜也，尊贤为大。亲亲之杀⑦，尊贤之等，礼所生也。"（在下位，不获乎上，民不可得而治矣⑧。）

【译 文】

鲁哀公向孔子请教为政之道。孔子说："周文王、武王的政令，都记录在书籍上。（总的精神是）贤能的人在位，这些政令就能施行，贤能的人不在位，这些政令就会废止。人事中变化快的是政治，地上生长快的是树木。作为政治，就像蒲苇一样生长变化很快。所以，政治搞得好坏，就在于当政的人；选用当政的人，要靠国君自身的修养，修养自身要靠道德，修养道德要靠仁心。仁，就是人自身的本性。据人自身的本性，以亲爱亲族最为重要；义，就是适宜，以尊敬贤能最为重要。亲爱亲族在程度上有等级，尊敬贤能在程度上有差别，就是由礼所产生的。"

注　释

❶哀公：鲁哀公姬蒋。公元前494年至公元前468年在位。是春秋时鲁国最后一位国君。孔子周游列国十四年，在鲁哀公十一年从卫国回到鲁国。

❷布在方策：记录在书籍上。方是木板，策是竹简。古时没有纸，文章写在木板或竹简上，书籍都是用木板或竹简编成。

❸人道敏政：人道中，变化快的是政治。敏，快。

❹蒲卢：蒲苇。蒲苇很容易生长，孔子用蒲苇来比喻人道敏政。

❺为政在人：政治搞得好坏，就在于当政的人。

❻取人以身：选用当政的人，要靠国君自身的修养。即国君能修身，就能得人。身，这里指国君。

❼亲亲之杀：亲爱亲族在程度上有等级。杀（shài），等差。

❽括号内的几句是错简，把下文的话放在这里了。

说　解

本节是说为政在于得人，而得人之道在于国君的修身。因为是鲁哀公问政，所以孔子的回答不是泛泛的，而是有针对性的。一国国君想把国家治理好，有许多事可做，但最主要的不过就两条：一条是国君本身要严格要求自己，加强道德修养；另一条是任用贤能。即使你的制度再好，即使你丝毫不差地按照周文王、武王记录在册的政令去做，如果不得其人，也要失败。这就是所谓"其人存，则其政举；其人亡，则其政息"。人们常常认为一旦掌握了政权，其他事情就好办了，这种想法是很错误的。孔子在这里提醒我们，"人道敏政"，在人事中变化快的是政治。这是一个伟大的提醒。孔子提出"人道敏政"，不是基于政治上的复杂多变的观察，而是基于政治的实质。政治的基础是人民，政治与人民休戚相关，所以人民对政治最敏感。

孔子对为政的基本主张是"为政以德"，其效果是"譬如北辰，居其所而众星共之"。说明为政者只要施行德政，人心就自然归服，受到人民的拥护和爱戴。

"为政以德"是中国历代统治者挂在嘴边的一句话，但在中国历史上，真正"为政以德"的却少见。其中有代表性的，比如唐太宗李世民的"贞观之治"。

公元 627 年，唐高祖李渊退位，唐太宗李世民即位。他即位之初，就确定了"专以仁义、诚信为治"的方针。首先，他在日常生活中，不断以儒家规定的道德准则要求自己，非常注意自己的一言一行。他礼贤下士，谦抑自律，清心寡欲，从而在臣民的心目中，确立起了一个圣主明君的形象。其次，他能任用魏徵这样的贤臣，虚心接受臣下的意见。他向臣下说，自己不会因"犯颜忤旨，妄有诛责"。再有，唐太宗亲身参加并领导了推翻隋朝的战争，充分认识了人民力量的伟大，所以他在即位之初，就实行了休养生息的政策，减轻赋税，少事营造。他还教育太子说："舟所以比人君，水所以比黎庶，水能载舟，亦能覆舟。尔方为人主，可不畏惧！"（《贞观政要·教诫太子诸王》）这样，唐朝社会很快就出现了"唐民奉法，盗贼日稀"的状况，唐太宗也大得人心。

但在贞观十年以后，唐太宗逐渐暴露出刚愎自用、拒劝谏、贪图享受的缺点。到贞观的后期，唐太宗的所作所为，更是与历史上的昏君庸主没有什么两样。他好事征伐，热心营造，大量征夫征税。

贞观之治证明了德治思想确实是一种有效的治国之道，但在封建社会不能持久。因为在封建社会的专制制度下，皇帝个人独裁，他的权力几乎是无限的，没有一个相应的、有效的监督机制制约皇帝的行为。所以，这就不可能希望皇帝始终如一地施行德政。德政的施行，是一个思想问题，也是一个制度问题。为政者不要忘了孔子的"人道敏政"这句话。

【原文】

"故君子不可以不修身，思修身，不可以不事亲；思事亲，不可以不知人；思知人，不可以不知天。"

【译文】

"所以君子不可以不修养自身，要想修养自身，不可以不奉养父母；要想奉养好父母，不可以不知人；要想知人，不可以不懂得天理。"

说 解

朱熹为这一节作注说:"为政在人,取人以身,故不可以不修身。'修身以道,修道以仁',故思修身不可以不事亲。欲尽亲亲之仁,必由尊贤之义,故又当知人。'亲亲之杀,尊贤之等',皆天理也,故又当知天。"(《中庸章句》注)

本节难于理解的是后半:"思事亲,不可以不知人;思知人,不可以不知天。"修养道德要培养仁心,孝敬父母必须发自良心(仁心)。仁心不会只局限在孝敬父母上,仁者爱人,仁者必求使一切人一切物皆得其所。上至悠悠千古,下至无尽的未来,都在仁心求感通遍润的范围之中,而无所遗漏,所以此心此理,是绝对普遍的,即天理。因此,由知人可进至知天,修身、知人、知天是一码事。

由说解开头引用朱熹的话可知,朱熹由修身开始,层层往上推,一直推到"知天",说"'亲亲之杀,尊贤之等',皆天理也,故又当知天"。"知天"是开头,"修身"不是开头。即先明天理,然后才能进行道德实践。从这里,可以看出《中庸》思想与孟子思想的不同。孟子主张"尽心知性知天"。即不是"知天"在先,而是"尽心"在先。人的本心(良心)充分呈现,即能亲亲、仁民、爱物,就能上与天相通。

【原 文】

"天下之达道①五,所以行之者三。曰:君臣也,父子也,夫妇也,昆弟也,朋友之交也,五者,天下之达道也;知、仁、勇三者,天下之达德②也;所以行之者,一也③。或生而知之,

【译 文】

"天下古今通行之道有五种,推行这些道的德行有三种。君臣、父子、夫妇、兄弟、朋友的交往,这五种关系就是天下古今通行之道;智慧、仁爱、勇敢,这三种德行,就是天下古今通行的德行;推行这些德行的方法就是一个字——诚。有的人生来就懂得这些道理,有的人经过学习才懂得这些道理,有的人在困难中懂得了

或学而知之，或困而知之④，及其知之，一也。或安而行之⑤，或利而行之⑥，或勉强⑦而行之，及其成功，一也。"

子曰："好学近乎知，力行近乎仁，知耻近乎勇。知斯三者，则知所以修身；知所以修身，则知所以治人；知所以治人，则知所以治天下国家矣。"

这些道理，到他们懂得了这些道理后，就都一样了（'知'相同，'行'并不一样）。有的人毫不勉强地去实行这些道理；有的人认为必须这样做才行得通，才去实行这些道理；有的人力量不足，仍尽力而为地去实行这些道理。到他们成功的时候，就都是一样的了。"

孔子说："爱好学习，就接近于智慧；身体力行，就接近于仁爱；知道羞耻，就接近于勇敢。懂得这三种德行，就知道怎样修身，就知道怎样治理别人；知道怎样治理别人，就知道怎样治理天下国家了。"

注　释

❶达道：天下古今通行之道。朱熹注说："达道者，天下古今所共由之路。"

❷达德：天下古今通行的德行。朱熹注说："天下古今所同得之理也。"

❸所以行之者，一也：推行这些德行的方法是"诚"。朱熹注说："'一'则'诚'而已矣。"《史记》《汉书》引用这句时都无"一"字。有人认为这是衍文。

❹困而知之：（有的人）遇到困难后，才懂得这些道理。

❺安而行之：自然循理而行，不用勉强。因为知道达道是天下古今共由之路，达德是天下古今通行的德行。

❻利而行之：认为必须这样做才行得通，才去做。利，通达。

❼勉强（qiǎng）：力量不足，仍去做。

说 解

由知人而知天，就可以知道君臣之义、父子之亲、夫妇之别、长幼之序、朋友之信五伦之道。五伦之道就是天理的具体表现。父子之亲人称"天"伦之乐。所以，五伦之道是天下古今通行之道。要把五伦之道做好，需要智、仁、勇，否则，社会上的正常的人际关系就难以维持。所以，智、仁、勇是天下古今通行的德行。五达道、三达德都是道体的呈现。所以推行五达道、三达德，即行道。行道必须"诚"，"诚者，天之道也"。

"或生而知之"，是指不需要学习和实践，生下来就懂得。孔子不否定"生而知之"，说"生而知之者，上也；学而知之者，次也……"（《论语·季氏》第九章）但也不特别推崇，只是一种虚设。孔子说自己："我非生而知之者，好古，敏以求之者也。"（《论语·述而》第二十章）孔子自始至终强调的是"学"。"学而知之"，不只是书本学习，重要的是实践。你读了多少书，如不能通过实践自觉反省，呈现本心，你是不会懂得五达道、三达德的。"困而知之"，遇到困难，受到教育，才醒悟过来，懂得了什么是五达道、三达德。人们明道的途径不同，但当懂得了达道、达德之后，大家都是一样的。

上面说的是"明道"，明道之后必须"行道"。不行道，明道又有何用？明道而不行，还不如不明。至于行道，也因人而不同。有的"安而行之"，有的"利而行之"，有的"勉强而行之"。但最后的结果是一样的，因为他们都是行道的道德高尚的人。例如孔子的得意弟子子路，原来性格粗鄙，头戴公鸡翎，身佩公猪尾，表示自己勇敢。他第一次见到孔子时，曾"陵暴孔子"（《史记·仲尼弟子列传》）。后来经过孔子的教导，认识了错误，归顺于孔子门下，一生追随孔子，成为十大弟子之一。

孔子说的"好学近乎知"三句，朱熹引吕氏的话说："愚者自是（自以为是）而不求，自私者殉人欲而忘反（回归本心），懦者甘为人下而不辞（甘居下贱）。故好学非知，然足以破愚；力行非仁，然足以忘私；知耻非勇，然足以起懦。"孔子说的是"近乎"。"好学"怎么就"近乎知"了呢？"力行"怎么就"近乎仁"了呢？"知耻"怎么就"近乎勇"了呢？吕氏作了很好的分析。

【原文】

"凡为天下国家有九经①，曰：修身也，尊贤也，亲亲也，敬大臣也，体群臣②也，子庶民③也，来百工④也，柔远人⑤也，怀诸侯也。修身，则道立；尊贤，则不惑；亲亲，则诸父⑥昆弟不怨；敬大臣，则不眩⑦；体群臣，则士之报礼重；子庶民，则百姓劝⑧；来百工，则财用足；柔远人，则四方归之；怀诸侯，则天下畏之。

"齐明盛服⑨，非礼不动，所以修身也；去谗远色，贱货而贵德，所以劝⑩贤也；尊其位，重其禄⑪，同其好恶，所以劝亲亲也；官盛任使⑫，所以劝大臣也；忠信重禄，所以劝士也；时使薄敛⑬，所以劝百姓也；日省月试⑭，既禀称事⑮，所以劝百工也；送往迎来，嘉善而矜不能⑯，所以柔远

【译文】

"大凡是治理天下国家，有九种不变的纲领：就是修自身的品德，尊敬贤能，亲爱亲族，敬重大臣，体贴群臣，爱民如子，招来各种工匠，安抚边远民众，关怀各国诸侯。修养自身，本身的道德就会确立；尊敬贤能，就不会对问题疑惑不解；亲爱亲族，就使叔伯和兄弟们不会有怨恨；敬重大臣，就不会头脑发昏；体贴群臣，则士人必以重礼回报你；爱民如子，百姓就会勤劳努力；招来各类工匠，社会的财用就会充足；安抚边远的民众，就会使四方归顺；关怀各国诸侯，就会使天下畏服。

"斋戒沐浴，穿着盛装，非礼不动，这是用以修养自身的；斥退谗言，远离女色，轻视钱财而重视德行，这是用以劝勉贤能的；（使亲人）有尊贵的地位，有优厚的俸禄，与他们的好恶相同，这是用以劝勉亲族的；官员众多，任凭使用，这是用以劝勉大臣的；讲究忠信，提高俸禄，这是用以劝勉想出仕的士人的；在适当的时候使用民力，少收赋税，这是用来劝勉百姓的；每日省察，每月考核，按成绩给予报酬，这是用来劝勉各种工匠的；欢送走了的，迎接要来的，表彰好的，怜悯能力差的，这是用来安抚边远民众的；接续

人也；继绝世，举废国，治乱持危，朝聘以时，厚往而薄来，所以怀诸侯也。凡为天下国家有九经，所以行之者，一也。"

世系断了的诸侯，振兴废黜的古国，治理混乱，扶持危弱，按时举行朝聘的礼仪，给予诸侯的赏赐要丰厚而纳贡尽量要少些，这是用来关怀各国诸侯的。大凡是治理天下国家，有九种不变的纲领，实行起来就靠一个字——诚。"

注 释

❶九经：九种治国的不变的纲要。

❷体群臣：体贴各位大臣。关心大臣，知道各位大臣的疾苦，加以抚慰。

❸子庶民：爱民如子。子，动词。以……为子。

❹来百工：招来各种工匠。来，招来。有人说是"敕"，是劝勉的意思。

❺柔远人：安抚边远的民众。柔，怀柔、安抚。

❻诸父：伯叔。

❼不眩（xuàn）：不会迷乱。

❽劝：努力。

❾齐明盛服：已见于第十六章。

❿劝：勉励、劝勉。

⓫尊其位，重其禄：（使亲人）有尊贵的地位、优厚的俸禄。

⓬官盛任使：官员众多，任凭使用。朱熹注说："官属众盛，足任使令也。盖大臣不当亲细事，故所以优之如此。"

⓭时使薄敛：在适当的时候使用民力，少收赋税。在《论语·学而》第五章，孔子说："道千乘之国，敬事而信，节用而爱人，使民以时。"

⓮日省月试：每日省察，每月考核。

⓯既禀称事：按成绩给予报酬。既禀（xìlǐn），指官方发给的粮食。既，赠送、给予禾米。禀，同"廪"，粮食。称（chèn），相称。

⓰嘉善而矜不能：表彰好的，怜悯能力差的。嘉，表彰、赞美。矜（jīn），怜悯。

说 解

九经是治理天下国家的九项大纲，其中体现了儒家的政治理想。首先强调的是为政者必须严格要求自己——修身。因为"为政在人"，关于这一点在本章开头第一节已经说得很清楚了。这九项大纲尽管头绪繁多，但实行起来，要有一个总的精神贯穿，那就是一个"诚"字。这和前面说的五达道、三达德"所以行之者，一也"同样，治理国家和行道都离不开"诚"。如果没有"诚"，尽管事情都做了，那只是走过场，不会有实效。这里说的"诚"，是指内心无欺。当人民发现国家的领导者不"诚"时，人民也会以不"诚"回应，人民对国家也就失去了信心。朱熹为"行之者，一也"作注说："一者，诚也。一有不诚，则是九者皆为虚文矣。"（《中庸章句》注）

【原 文】

"凡事豫①则立，不豫则废。言前定，则不跲②；事前定，则不困；行前定，则不疚③；道前定，则不穷。"

【译 文】

"凡事预先做好准备就能成功，不做准备就会失败。说话前都想定了，就不会栽跟头（叫别人问住，无言以对）；做事前都安排好，就不会遇到困难（困难事前都想到了，已做了准备）；行动前做好准备，就不会有内心的痛苦；要走的路事先定好（走正路不走邪道），就永远不会有穷尽。"

注 释

❶豫：准备。

❷跲（jiá）：绊倒，栽跟头。

❸疚（jiù）：内心痛苦。

说 解

凡事，指上述的五达道、三达德、治国的九经等。"豫"是事先准备。这段文字表面是说凡事要事先做好准备，才会有良好的效果，但世事如此复杂，五达道、三达德、治国之九经又如此深奥，究竟应该怎样做准备呢？朱熹作注说："此承上文，言凡事皆欲先立乎诚。如下文所推是也。"意思是遇事必先立其诚，然后方可成功。这样解释比较能贯通上下文。

这就是说，平时注意修身，做到真实诚笃，这样遇事就能以诚对待。没有这样的准备，无论做什么都很难成功。

【原 文】

"在下位，不获乎上，民不可得而治矣。获乎上有道，不信乎朋友，不获乎上矣。信乎朋友有道，不顺乎亲，不信乎朋友矣。顺乎亲有道，反诸身不诚，不顺乎亲矣。诚身有道，不明乎善，不诚乎身矣。"

【译 文】

"职位卑下而得不到上级的信任，是不能把百姓治理好的。想得到上级的信任有办法，得不到朋友的信任，就不会得到上级的信任。得到朋友的信任有办法，不孝顺父母，就不会得到朋友的信任。孝顺父母有办法，反过来要求自己而不是诚心诚意，就不会孝顺父母。要使自己诚心诚意有办法，不懂得什么是善，就不会使自己诚心诚意。"

说 解

本节用步步推进的办法，由不获在上者的信任，一直推到修身的根本：明善诚身。"反诸身不诚"，本无孝敬父母的诚心，表面做出孝敬父母的行动，那孝顺父母也是假的。

这一段似乎是取自《孟子·离娄上》第十二章，原文如下：

孟子曰:"居下位而不获于上,民不可得而治也。获于上有道,不信于友,弗获于上矣。信于友有道,事亲弗悦,弗信于友矣。悦亲有道,反身不诚,不悦于亲矣。诚身有道,不明乎善,不诚其身矣。是故诚者,天之道也;思诚者,人之道也。至诚而不动者,未之有也;不诚,未有能动者也。"

文章环环紧扣,由外而内,说明一个人想在社会上得到上上下下的信任,要在明乎善之后能"诚其意"。对这个"善",朱熹注说:"不明乎善,谓未能察于人心天命之本然,而真知至善之所在也。"这个善是指"至善"。什么是"至善"? 就是"人心天命之本然",就是我们所说的良心(良知)。一个人本着良心,焉能不诚。反之,如果一个人"不明乎善",即没有良心,焉能"诚其身"?

所以"明善",就是逆觉其本心之善,而此逆觉(明)的本身,就是诚体的呈现,也就是说,逆觉本身就是善。曾子的"吾日三省吾身:为人谋而不忠乎? 与朋友交而不信乎? 传不习乎?"就是逆觉其本心,就是善。从三省中,可以看出曾子之"诚"。

【原 文】

"诚者,天之道也;诚之者①,人之道也。诚者,不勉而中,不思而得,从容中道②,圣人也;诚之者,择善而固执之者也。

"博学之,审问③之,慎思之,明辨之,笃行之。有弗学,学之弗能弗措④也;有弗问,问之弗

【译 文】

"诚是天之道,使自己诚是人之道。诚,就是不用勉强而能符合中庸,不用思虑而能求得事理,从容不迫而合于道,这就是圣人。使自己诚的,就是选定'善'而牢牢地把握住。

"广泛地学习,详细地求问,谨慎地思考,明确地辨别,踏实地去做。有些学问不曾学过的,就去学习,不学会就不能停止;有些问题没有问过,就去向人提问,问了还没有弄懂也不能停止;有些事情没有思考过,就去思考,思考而没有得到答案就不能

知弗措也；有弗思，思之弗得弗措也；有弗辨，辨之弗明弗措也；有弗行，行之弗笃弗措也。人一能之，己百之；人十能之，己千之。果能此道矣，虽愚必明，虽柔必强。"

停止；有些是非没有辨别过，就去辨别，辨别了而没有弄清楚就不能停止；有些事没有做过，就去做，做得不够踏实就不能停止。别人一次能做到的，自己就做一百次；别人十次能做到的，自己就做一千次。果真能够这样做的，即使愚笨的也能变得聪明，即使柔弱的也能变得刚强。"

注 释

❶诚之者：使之（自己）诚的。

❷从容中道：从容不迫而合于道。

❸审问：详细地求教。

❹弗措：不能放下，不能停止。

说 解

这一节从伦理道德的诚，进而说到天道之诚。前一节引用孟子的话说："至诚而不动者，未之有也；不诚，未有能动者也。"为什么至诚能动（化）人呢？因为人在实践道德（做好事）时，静下来反省自己，就可体会到自己的真实本性。"尽心知性"，进一步可体会到内在于人的道德之性（良知）是有其超越的根源的，是无穷无尽的，是遥契天道的。同时感受到天地之道，也是一诚道，所以能化。

《中庸》视"诚"为天之道，即自然而然之道，自然是诚体流行。而"诚之"的修养功夫，则是人之道，即由"诚之"的功夫，以求恢复天所赋予自己的诚的本体或本性（良心，仁心）。由此可见：《中庸》的"诚"，实与孔子的"仁"相合。"诚"可视为天道，所以孔子的"仁"也可视为天道。至此，传统思想中高高在上的天道，经过《中庸》的发展，成为完全可以被人通过"诚"与"仁"去体会、去领悟了。

"诚者，天之道也；诚之者，人之道也"，这句的意思是说，圣人不用经过思考和努力，其言行就自然合乎中庸之道。而一般人有七情六欲，受其蒙蔽，言行往往偏离中庸之道，所以要"使之诚"。即以后天的功夫，来使本有的善性能纯粹无杂地呈现出来。虽是上智，也不能没有私欲，所以必须修己，以求排除私欲，复其本性。所以求实现其本性的"诚之"的功夫，是一切人所必需的，所以说"诚之者，人之道也"。"诚之"，就是使自己诚实无妄。

能"不勉而中，不思而得，从容中道"的只有圣人。孔子"五十而知天命，六十而耳顺，七十而从心所欲不逾矩"。何以圣人能"从心所欲不逾矩"？因为圣人之心没有一般人的私心，而是道心，即天赋人心之本然。道心之所欲，既无私心，又真实无妄。正如《中庸》第一章的全书大纲所说"天命之谓性，率性之谓道"，天之道就在人性（良知）中呈现。这时实在不可能分天之道、人之道，其中只是实现了一个"诚"字。

"诚之者，择善而固执之。""择善"之"善"，是前面所说的"不明乎善，不诚乎身矣"的"善"。善本在心中，如孟子所说："恻隐之心，仁也；羞恶之心，义也；恭敬之心，礼也；是非之心，智也。仁、义、礼、智非由外铄我也，我固有之也，弗思耳矣。故曰：'求则得之，舍则失之。'"（《告子上》第六章）

"善""性"不在心之外，人要明善而复其本然之性，就要有不懈的修己功夫。所以，《中庸》告诫人要"博学之，审问之，慎思之，明辨之，笃行之"。朱熹注说："此'诚之'之目也。"（这是使自己诚实的条目）

"诚之者，人之道"，怎样"诚之"？孔子列出了细目。但按细目做起来，并不一定得到理想的效果。想取得理想的效果，必须坚持不变，所谓"诚之者，择善而固执之者也"。怎样"固执"？就是在博学、审问、慎思、明辨、笃行时，不达目的决不罢休，绝不半途而废，一定坚持到底。

大家都能坚持，但是否能一齐成功？不一定。因为人的气质不同，会因人而异。特别是天资稍差的人，不努力就会落在后面，有的因此丧失信心。孔子最后教育我们："人一能之，己百之；人十能之，己千之。"有了这种决心和毅力，"虽愚必明，虽柔必强"。

有的人认为人性善，就天真地认为人能很容易地成为贤人、君子，这是误解。人的本心虽善，但同时也有私心。名、利、物质享受、色情等对私心有很强的吸引力，人的本心很难阻挡。人的本心有时也呈现出，想制止人的堕落，但常常是徒劳无益。所以，要克服私欲，而恢复人的本来之善，对一般人来说，是很不容易的。但本心之求为善，不甘堕落，也是非常真实的。

第二十章相当长，涉及的事物很多。由哀公问政而言人之修身，由修身而言知天。中间又散开说，言五达道、三达德、治天下国家之九经，然后归本于诚，以诚为一切活动的枢纽。由此可见诚道之大，无所不包。这就是至微者实至显的意思。能从这里（即以诚修身）用功，就可以达成治国平天下的功业。这是对儒家哲学很完整的陈述。

本章一点出"诚"，就指出诚是天道。而《中庸》的后半部，都是言诚。其中我们要注意，《中庸》所说的"诚"，最先是从修身、事亲、交友的真诚态度上说的。从最切近的修身、事亲、交友的事情上，我们体会到自己的真心诚意的重要。若没有这一点点的真心诚意，就不能修身、事亲，那就等于一切事情都做不成，因为修身、事亲是一切事情的根本。由此可知，这至微至隐又至切近的一念之"诚"，我们是离不开的。人们还可以从当下至近的一念之"诚"，而体会到它实在是至广至大的，整个宇宙的生成变化都是一诚道。没有诚道就没有宇宙。

所以，《中庸》言诚道，不是凭空说的，而开始是从当下之修身、事亲的一念真诚上说的。说明诚道虽极高远，但也是至为切近的，人能反求诸己，就能悟得诚道。这是《中庸》上半部所说的"道不远人"，法则即在"庸德之行，庸言之谨"处。可知《中庸》虽言天道，言宇宙生化，好像是非常玄远，其实是扣紧人的伦常日用活动的，即就人的当下之真心诚意说的。一切高明的理论，实际上，本来都含在当前的伦常实践的不敢自欺的诚意上，真可以说是"极高明而道中庸"。

二十一

自诚明谓之性

【原 文】

　　自诚明，谓之性①；自明诚，谓之教②。诚则明矣，明则诚矣③。

【译 文】

　　由诚心达到明（明德），叫作"天性"；由明（明德）达到诚心，叫作"教化"。诚心就会明（明德），明（明德）就会诚心。

注 释

❶自诚明，谓之性：郑玄注："自，由也。由至诚而有明德，是圣人之性者也。"即由诚而明的，是圣人从容中道的表现，是自然而不待勉强的意思。

❷自明诚，谓之教：从明而诚的，就是教。朱熹注："先明乎善而后能实其善者，贤人之学，由教而入者也。"教，即学而知之。

❸诚则明矣，明则诚矣：诚者就没有不明的，而明也可以至于诚。

说 解

　　"自诚明，谓之性"和第一章的"天命之谓性"的意思不一样，二者虽然都是在说什么是"性"，但"天命之谓性"是说性的根源，指出性是出于天的。而"自诚明，谓之性"是说圣人不思而得、不勉而中的境界。前章已经指出："诚者，不勉而中，不思而得，从容中道，圣人也。"孟子用了许多比喻来赞扬圣人之道至大。他说："日月有明，容光必照焉。"（《孟子·尽心上》二十四章）他把圣人之明比作日月。太阳和月亮的光亮，即使一个小小的缝隙也能照进去。从"容光"，看出圣人之道的伟大。圣人不是经过学习之后才分清是非善恶的，因为他心诚，没有私心杂念，凡事都凭良心（本心），所以不用费力就能分清是非善恶，什么事都能"从心所欲不逾矩"。

一般人"心诚"受私欲的干扰，本有的善性就难以表现出来。所以，必须先明善，才能诚其身。如前章所说，必须博学、审问、慎思、明辨、笃行。"自明诚，谓之教"，就是由学问思辨，使心能知善明理，而归于诚、复其性，这是教化之功。

"诚则明矣，明则诚矣"，是说本性与功夫的相即不离。心诚则能明善，明善必然归于诚。所以，诚与明本来是一体。对一般人来说，想做到"诚心明善，明善诚心"，须有一个固执的功夫和人一己百、人十己千的毅力，否则便不可能战胜心里的私欲，使本心复明，成为一个诚实的人。

在本章最后，朱熹作注说："子思承上章夫子天道、人道之意而立言也。自此以下十二章，皆子思之言，以反覆推明此章之意。"（《中庸章句》注）可见本章的二十个字，是下面十二章的纲领，也是《中庸》一书的中心思想。

二十二

至诚尽性

【原文】

唯天下至诚，为能尽其性①；能尽其性，则能尽人之性；能尽人之性，则能尽物之性；能尽物之性，则可以赞②天地之化育；可以赞天地之化育，则可以与天地参③矣。

【译文】

只有天下最为诚心的人，才能够完全发挥自己的本性；能够完全发挥自己的本性，就能够完全发挥别人的本性；能够完全发挥别人的本性，就能够完全发挥万物的本性；能够完全发挥万物的本性，就可以帮助天地演化和养育万物；可以帮助天地演化和养育万物，就可以与天地并立而为三了。

注 释

❶唯天下至诚，为能尽其性：只有天下最为诚心的人，才能够完全发挥自己的本性。这里说"天下"，说"至诚"，又说"尽其性"，天底下什么人才能这样？恐怕只有圣人了。圣人之心纯然无杂，所以说是"至诚"。朱熹注说："天下至诚，谓圣人之德之实，天下莫能加也。"

❷赞：帮助，辅佐。

❸与天地参：与天地并立而为三。

说 解

《中庸》思想的中心，简单一点说，就是"至诚尽性"。"至诚尽性"有什么意义？"至诚尽性"不仅有理论上的意义，而且有道德实践的意义。

一个人能达到至诚的境界，就会使本性充分呈现。至诚之人，就不是作为一个人而存在，而是作为天地间的一分子而存在。作为一个人存在，生、老、病、死，过完一生就完了。作为一个人存在，在他狭隘的境界里，把万物看成是与自己对立的，"人为万物之灵长"，应该主宰万物，让万物为自己服务，于是就随意破坏万物，破坏大自然，结果带来严重的后果。到了20世纪后半期，人们才开始注意环境问题，认识到人与自然应该和谐相处。其实我们祖先早就把人与自然、人与万物的本然的关系，理解得很透彻了。两千多年前的《中庸》，就建立了"天人合一"的理论。

人只是天地间的一分子，和山、川、草、木一样都是天生的。一座山、一条河、一棵树，看起来似乎都是自己在那里存在，实际上它们在天地间都不是孤立的，都是在发挥着它们应有的作用，即"各尽其性"。

人的确与万物不同。人有思想，人是能动的，但人的性与万物一样，也是天赋的。如果人有至诚之心，充分呈现其本性，认识到自己只是天地间的一分子，要从容中道，必求一切人、一切物皆能实现其本性。即至诚者之尽性，是使一切人、一切物之能尽其性为内容、为条件的。一切圣哲，都有悲悯之心，希望一切皆得其所。我们从本心的呈现处，可以体会到天道之实。只有圣哲，才有至诚之德。

尽人之性，就是使一切人都能充分实现其本有的仁义善性，而与万物一体。也就是说，使一切人都体现天道而成圣人。尽物之性，就是使一切物都实现其应有的价值，都能尽其性而不受伤害；一切物都能得到善用而不遭破坏和浪费。这样的境界是否可以实现呢？我们说，在现实生活里，这是一个永远不能实现的理想。一个人想要成圣已是千难万难，又怎么能使一切人都成圣人呢？人不断努力，希望人、物各得其所，但天地如此之大，万物如此之多，人只藐然一身，又怎么能做尽一切事？我们的思想不能被现实限制住，应该认清真理，相信真理，坚持真理。一个人应该修身，成为一个道德高尚的人，这是没有错的；修身的目的是"至诚尽性"，这也是没有错的。但人不能说他能穷尽其性。在心求尽性的过程中，性的内容意义就一步一步地被彰显出来，而这个过程是无穷无尽的。求道者的一生，可以说是求至诚尽性的过程。在这个过程中，人会感到他是在以有限的生命来体现无限的天道。

从外延的量上看，人是有限的，不能做尽他所应做的事；但在他的本心的明觉呈现时，他的心是与万物为一体的。正像孟子所说，可以"尽心，知性，知天"。一个人在本心呈现时，向上超越，这心虽不离开有限的形躯，但并不为形躯所限制。在此刻，没有有限与无限、足与不足的分别。因为若与万物为一体，则一切分别都泯除了，只有一诚道之流行，流行于何处，就在该处完成其价值。这样，"至诚尽性"的理想，也可以说当下就能达到。只要人能呈现其本心，那就是天道的呈现，顿时就实现无限的价值，而无所谓不足。

所以，"至诚尽性"可以说是永不可及，也可以说是当下就能实现。这两重意思是可以并存而不互相冲突的。人一方面可能感到天道浩浩无穷，人虽竭其心，仍不能充分实现天道；一方面也可以在当下的每一道德行为上完成无限的价值。

人又怎么可以赞天地之化育呢？其实至诚尽性的活动本身，就是天地之化育。这就是所谓的"天人合一"。从历史事实看，天下有道时，政通人和，万物发育；反之，天下无道时，不仅百姓遭罪，万物也遭殃。万物的生长发育，实受天、地、人三方面的影响。

二十三

其次致曲

【原文】

其次致曲^①,曲能有诚^②;诚则形^③,形则著^④,著则明^⑤,明则动^⑥,动则变^⑦,变则化^⑧;唯天下至诚为能化^⑨。

【译文】

其次是在某一部分上用功,在某一部分上用功,诚也会呈现;有诚就会有所表现,有所表现就会显著而为人知;显著而为人知,就会发出有德者的光辉;发出有德者的光辉,就能影响外界;能影响外界,就会使外界有所改变;能使外界有所改变,就会有所转化;只有至诚者才能有化成外物的功效。

注释

❶其次致曲:其次(圣人之次,贤人),在某一部分上用功(也能逐步达到诚)。致,推致、逐步达到。曲,是一偏。人的气质不同,而偏于一个方面(如好勇、好义、好礼等)。在历史上有贡献的人物,都是"致曲"。

❷曲能有诚:在致曲时,诚也会呈现。

❸诚则形:有诚则会有所表现。形,表现。

❹形则著:有所表现,就会显著而为人知。

❺著则明:显著而为人知,就会发出有德者的光辉。明,光辉。

❻明则动:有德性的光辉,就能影响外界。

❼动则变:能影响外界,就会使外界有所改变。

❽变则化:能使外界有所改变,就会有所转化。

❾唯天下至诚为能化：只有至诚者有化成外物的功效。从"致曲"到"能化"，是圣人以下的人修养以复其性的功夫的进展过程。到"能化"，就和"至诚者"一样了。

说　解

"曲"是不完全的意思，在这里指不是全德。不是全德，当然不可能是至诚。在品德上有所偏，是否就不可能达到至诚了呢？如果是这样修身就丧失了方向。不，人有所偏，同样可达到至诚。就由你所偏的一方去用功，同样可达到至诚的境界。

大贤以下，或偏于仁，或偏于智，或偏于勇，而不具备全德。还有些人，品德更差一些，只能说是近于仁、近于智或近于勇，这些都是偏曲。就气质说，人们也不一样，有清有浊，有柔有刚，有智有愚，这些也是偏曲。人就应该认识自己之所偏，由所偏处用功。如子路好勇，气质刚强，孔子就由勇处来指点他。孔子赞扬子路的优点："片言可以折狱者，其由也与？"（《论语·颜渊》第十二章）但也不断指出他的"好勇"的缺点。孔子说："道不行，乘桴浮于海，从我者，其由与？"子路闻之喜。子曰："由也好勇过我，无所取材。"（《论语·公冶长》第七章）有时孔子对子路的批评很严厉，如《论语·述而》第十一章孔子说："暴虎冯河，死而无悔者，吾不与也。必也临事而惧，好谋而成者也。"其实孔子是很喜欢子路的，多处赞扬了子路的高尚品德和工作能力，也多处指出子路好勇的缺点，教育他加强学习，"君子义以为上"（《论语·阳货》第二十三章），后来子路终于成为十大弟子之一。

"曲能有诚"，一个普通人，就自己所偏的一方去用功，本心之诚就会呈现。本心之诚一旦呈现，就要尽力去行仁、做好事，所以说"诚则形"。有具体的德行表现于外，就会成为社会上的一个亮点，就会显著而有光明。有光明，人们必然被你的德行所感动，从而感化人于无形。能感化人于无形，就是至诚者的德化的功效。由诚而有形、著、明、动、变、化六个步骤，这全部过程以"化"为终极。诚者的生命健行不息，能够如天地一样，起着化育的作用。

二十四

至诚之道可以前知

【原 文】

至诚之道，可以前知①；国家将兴，必有祯祥②；国家将亡，必有妖孽③；见乎蓍龟④，动乎四体⑤。祸福将至，善，必先知之；不善，必先知之。故至诚如神⑥。

【译 文】

至诚之道，可以在事先有所预知；国家将要兴起，就一定有吉祥的事物出现；国家将要灭亡，就一定有妖孽出现；表现在蓍龟占卜上面，体现在人们的手足的动作举止上。有祸福将要到来，是好事，一定能预先知道；不是好事，一定能预先知道。所以，至诚者就像神明一样。

注 释

❶前知：预先知道。

❷祯祥：吉祥的事物。祯（zhēn），吉祥。

❸妖孽：妖怪。

❹蓍龟：古代占卜用蓍龟。蓍（shī），多年生草本植物，叶有锯齿，全草入药。我国古代用它的茎占卜。龟，古人以龟为灵物，灼龟甲来占卜，谓卜为龟。甲骨文就是商朝的统治者在用龟甲和兽骨占卜后，在甲骨上刻记所占事项及事后应验的卜辞或有关记载。

❺四体：由人的手足动作举止来观察吉凶祸福。东汉郑玄认为"四体"指龟的四足。今天我们说的"四体不勤"中的四体指人的手足。

❻至诚如神：至诚者就像神明一样。

"至诚之道，可以前知。"本来想预先知道吉凶祸福，古代是靠占卜，而《中庸》却把它落在至诚者的知幾上。占卜者能预知吉凶，只是根据卦象的猜测；《中庸》认为至诚者也能预知吉凶，这叫作"知幾"。什么是"幾"？周敦颐说："动而未形，有无之间者，幾也。"（《通书》）事物将形而未形时，是"幾"；心念要动而未动时，也是"幾"。所以，"幾"是很幽深难测的。而至诚者则可知"幾"，他可以见微知著，知天下之兴衰。

"国家将兴，必有祯祥，国家将亡，必有妖孽。"这是古人对国家兴亡规律的一个总结。古人信天，信神，在国家兴亡这样的大事上，认为上天或神明必能以祯祥或妖孽暗示于人。一般人难以察觉，而至诚者是能够察觉的。这种说法有些迷信色彩，但是国家的兴亡是有规律可循的，事前也能够察觉。如果在上者一心为国，废寝忘食，一国人民遵纪守法，积极向上，这时社会上必会出现过去没有的好现象，这样的国家必会兴旺；反之，在上者暴虐无道，一国人民违法乱纪，从上到下，只顾个人私利，不管他人和国家，这时社会上必会祸乱不断，这样的国家必然走向衰败。这个道理很多人都能了解，而《中庸》说："国家将兴，必有祯祥，国家将亡，必有妖孽。"以证实至诚者能事先察觉，作出"至诚如神"的结论。

有人认为《中庸》说的"国家将兴，必有祯祥，国家将亡，必有妖孽"是根据孔子说的"凤鸟不至，河不出图，吾已矣夫"（《论语·子罕》第九章）。孔子这句话，据《孔子世家》说，是在西狩获麟后说的。"凤鸟"是古代传说中的一种神鸟，据说在舜时和周文王时出现过。"河出图"，是传说中上古伏羲时代，黄河中有龙马背上驮着"八卦图"出现过。"凤鸟至""河出图"是两个伟大的时代，孔子的话是感叹这两个伟大的时代再也不会出现了。这种感叹，表现出孔子实行大道、挽救历史时代的热忱之高。正因为热忱高，所以失望才深，他觉得时间已不属于他了。孔子并不迷信，孔子是"敬鬼神而远之"的。

二十五

诚者自成也

【原 文】

　　诚者，自成也①；而道，自道也②。诚者，物之终始③，不诚无物④。是故君子诚之为贵⑤。诚者，非自成己而已也，所以成物也⑥。成己，仁也；成物，知也⑦。性之德也⑧，合外内之道也⑨，故时措之宜⑩也。

【译 文】

　　诚，是自己所修养成的；道，是自己应当走的路。诚道生成万物，物的终始，从生成到消亡，都贯穿着诚；不诚就没有万物。所以君子要以使自己诚为贵。诚，不只是成就自己而已，也要成就万物，尽物之性。成就自己，是仁德；成就万物，是智慧；仁与知是性中本有的德行。仁的成己属于内，知的成物属于外，而这都是人的本性中原有之德，使人能合内外与万物为一体。所以，能成己成物，无所不通，举措没有不合时宜的。

注 释

　❶诚者，自成也：诚，是自己修养成的。朱熹注："诚者物之所以自成。"

　❷而道，自道也：道，是自己应当走的路。朱熹注："道者，人之所当自行也。"

　❸诚者，物之终始：诚道生成万物，物的终始都贯穿着诚。

　❹不诚无物：不诚，就没有万物。反过来看，现在万物存在，说明天、地、人都存在诚。

　❺君子诚之为贵：君子要以使自己诚为贵。

❻诚者，非自成己而已也，所以成物也：诚，不只是成就自己而已，也要成就万物，尽物之性。

❼成己，仁也；成物，知也：成就自己，是仁德；成就万物，是智慧。

❽性之德也：（仁与知）是性中本有的德行。

❾合外内之道也：仁的成己属于内，知的成物属于外，而这都是本性所有的德行，使人能合外内与万物为一体。

❿时措之宜：德性随时而合宜地表现。

说　解

"诚者，自成也；而道，自道也。"意思是说，诚是自己修养成的，一个人诚不诚全在自己，而不是有一个超越而外在的主宰在成就人。道也不是有一个超越而外在的主宰为我们铺设了一条道（如孝、悌、忠、信）要我们去遵循，道在人的心里。这样，把"诚"与"道"都归于人自身本有，就显出了人的自由，显出了人的主体性。但人性又来自何处？来自天，"天命之谓性"。如此说来，人的内在的"性"与"道"又是超越的、普遍的。人人都有此性，都有此道。人所自成之"诚"，自行之道，实在是普遍、绝对的天道落在个体上的表现。在这里，主观与客观、超越与内在是合一的。人可以自由地立意，如果是至诚者立的意，同时也是普遍的、人人都应立的意，因为至诚者立的意，没有个人色彩，人们都"应该"这样立意。但如果立意出于私心，别人会随意妄为，他所立的意，当然不是普遍的法则。有的领导者把自己立的意当作普遍法则来推行，而人们不顾自身的真实意愿就接受，立意正确还好，如果不正确，那将要犯错误，因为领导者不是至诚者。

"诚者，物之终始，不诚无物。"朱熹注说："故人之心，一有不实，则虽有所为，亦如无有。"如孝敬父母，必须有孝敬父母的诚心，这样的孝敬才是真实的。因为真实，所以在父母和子女的心里都感到充实。如心不诚，即无孝敬父母之心，即使有孝敬父母的行为，也是假的。正像孔子对子游说的："今之孝者，是谓能养。至于犬马，皆能有养；不敬，何以别乎？"又对子夏说："色难。

有事'弟子服其劳，有酒食'先生馔，曾是以为孝乎？"（以上两句见《论语·为政》第七、八章）如果拿掉了诚，人的行动就毫无意义，所以说："不诚无物。"

由于不诚，一切存在都将是无价值无意义的。所以，一个君子，一定要把使自己成为一个诚实的人放在首要地位。所谓使自己诚，不是要你向外学习，而是要你恢复自己本有的诚的本性。

虽然诚是自成，道是自道，但这由主体所实现、所决定的诚与道，也就是天之诚、天之道。因为"天命之谓性，率性之谓道"。所以诚一旦在自己心中呈现时，就会要求成就自己以外的一切人、一切物，这在前一章论"至诚尽性"时已经讲了。所以，当人实现其性时，当然不只是要成己，也要成物。

成物，使物各得其所，只有诚心还不够，还需要对外物的实际情况有所了解。所以，知识在成物要求下是必须的。一个君子不能只顾提高自己品德，而干什么都不行，把一个国家交给他（这是成物的好机会）更不知所措。这样，你品德再高又有什么用？一个有修养的君子，不仅道德品质要高，知识水平也要高。这就需要学习。《论语》里面的第一句话就是"学而时习之"。孔子在品德上是圣人，在知识上也是圣人。他删《诗》《书》，定《礼》《乐》，写《春秋》，为中国文化奠定了基础。在政治上，他曾做过鲁国的大司寇，摄行相事，与闻国政。子贡说孔子仁且智，所以是圣人。必须仁且智，才能成己成物，就人的性体说，才能圆满。

能成己成物，即无所不通，而举措无有不宜，所以说"时措之宜也"。

二十六

至诚无息

【原文】

故至诚无息①，不息则久②。久则征③，征则悠远，悠远则博厚，博厚则高明。博厚所以载物④也，高明所以覆物⑤也，悠久所以成物⑥也。博厚配地，高明配天，悠久无疆⑦。如此者，不见而章⑧，不动而变，无为而成。

天地之道，可一言而尽也："其为物不贰⑨，则其生物不测⑩。"天地之道，博也，厚也，高也，明也，悠也，久也。今夫天，斯昭昭⑪之多；及其无穷也，日月星辰系焉，万物覆焉。今夫地，一撮土之多；及其广厚，载华岳⑫而不重，振⑬

【译文】

至诚者的心，纯然无杂，其德行自然不会止息；不止息就会持续而不间断。持续不间断就能够应验，应验就能够悠久长远，悠久长远就能够博大深厚，博大深厚就能够崇高光明。博大深厚是用来承载万物的，崇高光明是用来覆盖万物的，悠久长远是用来成就万物的。博大深厚与地相配，崇高光明与天相配，悠久长远没有边际。就像这样，不故意求表现而自然彰明，不行动而产生变化，无所作为而能有成就。

天地之道可以用一句话就说尽了："天地之道本身是诚一不二的，它生成万物不可测量。"天地之道是博大的，深厚的，崇高的，光明的，悠远的，长久的。说到眼前的天，至多只有一点点光亮，至于它的无穷，日月星辰都挂在它上面，万物都被它覆盖。说到眼前的地，至多只是一撮土，至于它的广大深厚，承载着西岳华山而不以为重，容纳着江河湖海而不泄河海而不泄，万物载焉。今夫山，一卷石⑭之多；及其广大，草木生之，禽兽居之，宝藏兴焉。今夫水，一勺之多；及其不测，鼋⑮鼍⑯、蛟龙、鱼鳖生焉，货财殖焉。

《诗》云⑰："维天之命，於穆不已⑱。"盖曰天之所以为天也。"於乎不显⑲，文王之德之纯。"盖曰文王之所以为文也。纯亦不已⑳。

漏，万物都被它承载。说到眼前的山，至多只是一块像拳头大小的石头，至于它的广大，草木在上面生长，禽兽在上面居住，宝藏在上面开发。说到眼前的水，至多只有一勺，至于它的深不可测，大鼋、鳄鱼、蛟龙、鱼鳖在里面生存，财货在里面繁殖增长。

《诗经·周颂·维天之命》说："天命的流行，深远而又永不停息。"大概讲的就是天之所以为天的道理。又说："啊！多么光明显赫，文王的德行，多么纯粹！"大概讲的就是文王所以为文王的道理，德行纯然无杂而无止境。

注 释

❶至诚无息：至诚者的心，纯然无杂，其德行自然不会止息。

❷久：持续而不会间断。

❸征：应验。朱熹注："验于外也。"

❹载物：承载万物。

❺覆物：覆盖万物。

❻成物：成就万物。

❼悠久无疆：悠久没有穷尽。

❽不见而章：不故意求表现而自然彰明。见，同"现"。

❾其为物不贰：天地之道本身是诚一不二的。"其"指天道。为物，作为物，也指天道。有人把"为物"理解为造就万物，与文章语气不合。

❿则其生物不测：它（天道）生成万物不可测量。

⓫昭昭：小小的光亮。朱熹注："昭昭，犹耿耿，小明也。"

⑫华岳（yuè）：即华山，是五岳中的西岳。

⑬振：收。

⑭一卷石：一块像拳头大小的石头。卷，即"拳"。

⑮鼋（yuán）：大鳖。

⑯鼍（tuó）：一种鳄鱼。

⑰《诗》云：指《诗经·周颂·维天之命》。这首诗是赞美周文王的。诗很短，共八句。诗首先赞颂了天道、天命，很有哲学意味。

⑱维天之命，於穆不已：天命的流行，深远而又永不停息。维，发语词。於，叹词。穆，深远。

⑲不显：非常光明显赫。不，即"丕"，大也。

⑳纯亦不已：（文王的德行）纯然无杂，而无止境。

说 解

本章是说至诚者与天地合德，从圣人生命的具体表现来阐明天道之诚的内容意义。

至诚者成己，也一定要成物，尽己之性要以尽人之性、尽物之性为内容。所以，至诚者的实践，是不能有所止息的。如果有止息，就是因为有私欲夹杂其中了，这就在道德上有了缺欠，就不是一个至诚者。德性纯一无杂的至诚者，是不会停止自己的道德实践的。

能如此久行其德，自然会有应验于外，而其德会及于四方，悠远而无穷尽。这正像孔子所说："德之流行，速于置邮而传命。"（德行的流行，比驿站传递政令还要快。）（见《孟子·公孙丑上》第一章）圣人之心，真诚恻怛，自然能感动人。而对诚者之感人，是没有止息的。如孔子之感人，几千年不衰。

"悠远则博厚，博厚则高明"，朱熹对这句话作注说："悠远，故其积也广博而深厚。博厚，故其发也高大而光明。"即践德既久，则积于中者深厚；而积于中者深厚，其发于外者必高明。

对人之德与天地之德是相同的。圣人的博厚，就像地的承载一切，圣人的高明，就像天的覆盖一切，圣德的悠久，影响的深远，是没有穷尽的——这不正是可以与天之道相配吗？人能达到这种地步，就能够"不见而章，不动而变，无为而成"。这和天地的自然生物成物是一样的。

接着就由至诚者之德转到天地之道。由圣人德行的悠久、博厚、高明，就可体会天地之道的内容。这就是说，由圣人的德性生命的表现，可使人具体地体会到天道的不息不已，和创造一切、生成一切的意义。由圣人的表现，而使天道成为可以理解的东西。人面对圣人的纯粹无杂、真挚恻怛的实践时，必由衷地赞叹，而认为天道的生化，也就是这样。

本来天道是高深莫测的，但由于圣人的纯一不已的道德实践，就把天道的奥秘给宣泄出来了。圣人并不是用言语来宣泄的，而是用纯一不杂的德行来具体表现的。他不是向人提供关于天道的知识，而是直接以其诚挚的生命来感召人。他也不是有意教人，只是自尽其心，而自然有无限的作用，如同天地之自然生物。由于有圣人把天道具体化，使天道成为可知，下面就接着谈天道的内容。

天地之道不贰，只是一个诚而已，所以可以一言而尽。"为物不贰"是说天道（这个东西）本身是不贰的。在这里朱熹作注说："不贰，所以诚也。诚故不息，而生物之多，有莫知其所以然者。"这是从人的生命的不贰而有不息之德性之实，可见生物不测之天道是纯一不贰的（本着"天命之谓性，率性之谓道"，此道即人道，也是天道）。下面接着举天、地、山、水为例。就天地山水的有限的一处说，天只是昭昭之明，地只是一撮之土，山只是一块小石头，水只是一勺之量而已。但及其积之不已，就可蓄生万物。从天、地、山、水的积之不已而蓄生万物，承载万物，我们就可以体会到，使如此广大的宇宙流行不息的天道，是不已不止的。

本章最后引用了《诗经·周颂·维天之命》的诗句。朱熹在《诗集传》中为此诗作注说："赋也。天命即天道也。不已，言无穷也。纯，不杂也。此亦祭文王之诗，言天道无穷，而文王之德纯一不杂，与天无间，以赞文王之德之盛也。"这个解释虽好，但在今天看来，它还没有把诗的深刻含义说透。当代新儒学大师牟宗三先生对这两句诗作了深刻的分析。他说："天道高高在上，有超越的意义。天道贯注于人身之时，又内在于人而为人的性，这时天道又是内在的（Immanent）。因此，我们可以康德喜用的字眼，说天道一方面是超越的（Transcendent），另一方面又是内在的（Immanent 与 Transcendent 是相反字）。"

为什么要赞扬周文王的德性呢？牟宗三先生说："为什么要大大昭彰文王的德性呢？因为文王真正能够表现自己光明的德性生命，他的生命之光永恒不灭，他的德性精纯不杂；所以他永远不会堕落。难怪《中庸》对'维天之命，於穆不已'加一精警的赞语，说：'此天之所以为天也。'又对'文王之德之纯'加一类似的赞语，说：'此文王之所以为文也，纯亦不已。'这两句赞语中的'所以'，都是为了表明'本质'（Essence）的意思。'天之所以为天'，就是天的本质，换句话说，便是天的德（本质义之德，非德性 Virture 义之德）。同样，'文王之所以为文王'，等于文王的德，'文'字本身便是一个美称了。由此可知《中庸》对天德与文王之德，都有很高的赞美。天之德和文王之德有什么关系呢？显然，天命、天道贯注到个体的身上时，只要这个体以敬的作用来保住天命，那末天命下贯所成的个体的性可以永远呈现光明，文王便是一个典型的例子。《诗经》这几句在赞美文王时，首先赞美天道、天命，那是很有哲学意味的。"（以上均见牟宗三《中国哲学的特质》第四讲）

"天命不已"，而德之纯也是不已。不已就是无限，而天地之间并不能有两个无限（天地间不能有两个道，孔子说"吾道一"），天命之不已与德之纯之不已，是同一个不已。说到底，就是一个"诚"字。这是从人之德性生命之纯处，体会到圣人之道与天道并无二致，圣人是天道的具体化，这一方面使人的主观面的实践客观化，使人的精神有所归宿；一方面使客观面的天道主观化，而有具体的彰显。

二十七

大哉圣人之道

【原 文】

大哉！圣人之道！洋洋①乎，发育万物，峻②极于天。优优③大哉！礼仪④三百，威仪⑤三千，待其人而后行。故曰："苟不至德，至道不凝焉⑥。"故君子尊德性⑦而道问学⑧，致广大而尽精微⑨，极高明而道中庸⑩。温故而知新，敦厚以崇礼⑪。是故，居上不骄，为下不倍⑫。国有道，其言足以兴；国无道，其默足以容。《诗》曰⑬："既明且哲，以保其身⑭。"其此之谓与！

【译 文】

伟大啊！圣人之道！充满天地之间，使万物生长发育，高高耸立，直到天上。宽和无所不包而又伟大啊！大的礼仪制度有三百条，小礼节有三千条，等待着圣人出现后去施行。所以说："若不是至德之人，最高的真理是不会在他身上表现的。"所以，君子恭敬地奉持德行，致力于学问，使道德和学问达到广博而又极其精深，达到极高明的境界而行中庸之道，温习旧的知识由此能够有新的体会、新的发现，存心敦厚而崇尚礼节。所以，处在上位而不骄傲，处在下位也不背礼。国家政治清明，他的主张足以兴国；国家政治昏暗，他的沉默足以安身。《诗经·大雅·烝民》篇说："既明事理又多智慧，足以保其自身。"就是讲的这个意思吧！

注　释

❶洋洋：充满。

❷峻：高大。

❸优优：宽裕，和适。

❹礼仪：指婚、冠、丧、祭等大礼。

❺威仪：有关进退、升降、俯仰、揖让之类的小礼。

❻苟不至德，至道不凝焉：若不是至德之人，最高的真理是不会在他身上表现的。凝，结聚。

❼尊德性：恭敬奉持德性。

❽道问学：致力于学问。

❾致广大而尽精微：（使道德学问）达到广博而又极其精深微妙。

❿极高明而道中庸：达到极高明的境界，而行中庸之道。

⓫敦厚以崇礼：存心忠厚而崇尚礼节。

⓬倍：背叛。

⓭《诗》曰：指《诗经·大雅·烝民》。这首诗是歌颂仲山甫之德的。诗中最有名的是开头四句："天生烝民，有物有则。民之秉彝，好是懿德。"

⓮既明且哲，以保其身：既明事理又多智慧，足以保其自身。

说　解

前一章已经讲了，"天命不已"，而德之纯也是不已。不已就是无限，而天地间不能有两个无限（天地间不能有两个道，孔子说"吾道一"），天命之不已与德之纯之不已，是同一个不已，说到底就是一个"诚"字。实际上，圣人的道德实践，就是天地之道的具体化，所以本章高度赞美了圣人之道，说："洋洋乎，发育万物，峻极于天。"圣人的真诚恻怛，就能感通润物，兴发人的生命，鼓舞人的意志，这就是天道生物的具体呈现。天道与圣人之诚体现为"仁"。"仁"就是生道，这个"生"，不是生物生长的"生"，是价值意义的"生"。受圣人之德化的人，生命都得以善化，表现出价值理想。而仁心是无不到的，也像天道的遍及一切。北宋的张载说："天体物不遗，犹仁体事无不在也。礼仪三百、威仪三千，无一物而非仁也。"仁心、仁性在求尽其心，没有一事一物不在仁心的关怀之中。所以有礼仪三百、威仪三千的设立，是为了要使一切人、事都有其恰当的表现。

一般人受私欲蒙蔽，不走正道，在他身上体现不出天道。所以说："苟不至德，至道不凝焉。"这里所说的"至道"，应该是指"天道"。就是说，如果不是至德的圣人，天道是不会体现在他身上的。

"故君子尊德性而道问学"五句，是告诉君子怎样走向"至德"，是君子"入德之方"。"尊德性而道问学"，人之德就是天之德，所以必须"尊"。有德者不仅成己，也要成物，所以必须"道问学"。"尊德性"是"仁"，"道问学"是"智"。"致广大而尽精微"，在进德修业上，要努力做到既是广博深厚，又极其精深微妙，巨细不遗，一点细微处也不遗漏。"极高明而道中庸"，上达天德，故极高明，在日常生活中也不偏离正道，而行中庸之道。"温故而知新"，能保守传统之善，即"温故"；但也随着时代的不同，而有因革损益，所以能"知新"。"敦厚以崇礼"，仁者爱人，既严格要求自己，也知道尊重别人。所以，仁者存心敦厚而崇尚礼节。一个人能这样做，在政治上也一定是"居上不骄，为下不倍。国有道，其言足以兴；国无道，其默足以容"。这正像孔子赞美宁武子，说他："邦有道，则知；邦无道，则愚。其知可及也，其愚不可及也。"（《论语·公冶长》第二十一章）这里孔子强调的是宁武子在国无道的时候的那股傻劲。因为他傻，才能容于世。许多"智者"遭到迫害，有的甚至付出生命，而宁武子却安然无恙。从表现看他是"傻"，从后果看他是"智"。他的"智"不是一般的"智"，而是"大智"。"大智"之"愚"是不可及的。宁武子可以说是黑暗社会的一位君子吧！

本章最后引用了《诗经·大雅·烝民》的诗句来赞美君子的"既明且哲，以保其身"。"尊德性而道问学"的君子，不仅"明"而且"哲"。那些耍小聪明、为人处世只想占些便宜的人，够不上"明哲"，他们不了解天下事理，当然也不会顺理而行。

朱熹认为"尊德性而道问学"一句是本章的纲领，下面说的是功夫。朱熹作注说："尊德性，所以存心而极乎道体之大也；道问学，所以致知而尽乎道体之细也。二者修德凝道之大端也。不以一毫私意自蔽，不以一毫私欲自累，涵泳乎其所已知，敦笃乎其所已能，此皆存心之属也。析理则不使有毫厘之差，处事则不使有过不及之谬。理义则日知其所未知，节文则日谨其所未谨，此皆致知之属也。盖非存心无以致知，而存心者又不可以不致知。故此五句大小相资，首尾相应。圣贤所示入德之方，莫详于此，学者宜尽心焉。"（《中庸章句》注）

二十八

愚而好自用

【原 文】

子曰："愚而好自用①，贱而好自专；生乎今之世，反古之道②；如此者，灾及其身者也。"

非天子不议礼，不制度，不考文③。今天下车同轨④，书同文⑤，行同伦⑥。虽有其位，苟无其德，不敢作礼乐焉；虽有其德，苟无其位，亦不敢作礼乐焉。

子曰："吾说夏礼⑦，杞不足征也⑧；吾学殷礼，有宋存焉⑨；吾学周礼，今用之⑩，吾从周⑪。"

【译 文】

孔子说："愚笨的人喜欢自己逞能，低贱的人喜欢独断专行；生在今世，却要返回到古时候；像这样的人，灾祸要降临到他的头上的。"

不是天子，就不拟议礼制，不去制定度量衡，不考定文字形体。现在天下车辆的轨迹相同，书写的文字相同，所行的礼节仪文相同。即使在天子的位置，如果没有应有的德行，也是不敢制作礼乐制度的；即使有应有的德行，如果不在天子的位置，也是不敢制作礼乐制度的。

孔子说："我讲说夏朝的礼法，夏朝的后裔杞国，不足以作证；我学习殷朝的礼法，有殷朝的后裔宋国还在；我学习周礼，现在仍在沿用着（自周公制礼作乐起已有三百多年），我遵从周朝的礼仪制度。"

注 释

❶自用：依仗自己的力量行事，即好逞能。

❷反古之道：可以有两种解释：（1）"反"作恢复讲，反古之道即复古之道。（2）"反"作"违反"讲，反古之道即违反古道。两种解释意思相反。从后文的"今天下车同轨，书同文"看，第一种解释把"反古之道"解释为"复古之道"，符合原意。

❸非天子不议礼，不制度，不考文：据东汉郑玄的说法，这三句仍然是孔子的话，而朱熹认为是子思的话。从文章的脉络看，朱熹的说法较合理。"不议礼"，不拟议礼制。"不制度"，不去制定度量衡。"不考文"，不考定文字形体。

❹车同轨：车之两轮间的距离均相同。

❺书同文：书写的文字相同。

❻行同伦：所行的礼节仪文相同。伦，次序之礼。

❼吾说夏礼：我讲说夏朝的礼法。

❽杞不足征也：杞国不足以作证。杞国是夏朝的后裔。

❾有宋存焉：还有宋国存在，可供参考。周武王灭殷后，把纣的哥哥微子封于今河南商丘一带，成为宋国。

❿今用之：现在仍在沿用着。

⓫吾从周：我遵从周朝（的礼仪制度）。

说解

本章是接着前一章谈"为下不倍"。

"愚而好自用"一节，是说"知新"的必要。生活在周朝，却想施行夏朝或殷朝的礼法，是不合时宜的。"反古之道"的"道"是指礼仪制度。孔子最后说"吾从周"，表明自己是反对复古的。

下一节谈就一个国家说仪礼、制度、考文是最重要的事情，不是人人可为，必须是天子才能做。又说，有德有位者方可作礼乐，由此可见礼乐的重要。礼是华夏文明由远古演变至春秋时期积累的文化慧果，是稳定现时的政治制度、维持社会秩序和人伦秩序、抚慰人心的重要工具。孔子在政治上主张德治，而德治落实下来就是礼治。

"子曰：'吾说夏礼'"一节，是采自《论语·八佾》第九章。原文是："夏礼，吾能言之，杞不足征也；殷礼，吾能言之，宋不足征也。文献不足故也。足，则吾能征之矣。"《论语》原文和《中庸》引文的主要不同有两点：(1)"宋不足征也"，《中庸》改为"有宋存焉"。《论语》的"宋不足征"是说春秋时宋国的礼仪制度已与殷朝大不相同，古代的文献也都找不到了，是一种批判的态度。而《中庸》说"有宋存焉"，似乎是说宋国在某些方面依然在行殷朝的礼法制度。实际上，春秋时宋国"已不足征"，到了战国晚期，就更"不足征了"。(2)《中庸》最后加了一句："学周礼，今用之，吾从周。"这句是采自《论语·八佾》第十四章，原文是："子曰：'周监于二代，郁郁乎文哉！吾从周。'"（周朝的礼仪制度，是借鉴于夏、商两代建立起来的，多么丰富多彩啊！我遵从周朝的礼仪制度。）这句表明孔子与本章开头的愚者、贱者不同，反对复古，赞成周公制作的礼法制度。

朱熹为这句作注说："孔子既不得位，则从周而已。"好像孔子的"从周"是不得已，因为自己不在位，尽管对现行的周礼有些地方不满意，因不在位，也无法进行改革。甚至说孔子可以当王，当王后，孔子是会制作礼乐的。我想孔子是圣者，是素其位而行的，不会有非分的想法。从《论语》看，孔子对周公十分崇敬，把周公作为自己的理想，对周公制作礼乐十分赞赏。他在晚年曾慨叹说："甚矣吾衰也！久矣吾不复梦见周公！"孔子在精力旺盛时，一心想在政治上有所作为，想实现周公时代的理想政治。梦是心头想，日有所思则夜有所梦，所以那时理想的周公有时在梦中出现。孔子68岁，周游列国回来，两手空空，在政治上已不可能有所作为了，所以也不再梦见周公了，于是发出本章的慨叹。有感慨，说明心不甘，表明孔子虽然身体衰老，但行道的理想仍活在心里。

所以，我认为朱熹等人的解释有些牵强。

本章的"今天下车同轨，书同文，行同伦"数句，有人认为这都是秦朝统一中国后才有的现象，所以据此断言《中庸》是秦朝以后的作品。但据陈槃的《中庸今释别记》说，在秦以前，就已是"车同轨，书同文"了。战国是一个伟大的变革时代，只因这几句话，就认为《中庸》是秦朝以后的作品，理由是不够充分的。

二十九

王天下有三重焉

【原 文】

王天下有三重①焉，其寡过矣乎！上焉者②，虽善无征③，无征不信，不信民弗从。下焉者④，虽善不尊⑤，不尊不信，不信民弗从。故君子之道，本诸身⑥，征诸庶民⑦，考诸三王而不缪⑧，建诸天地而不悖⑨，质诸鬼神而无疑⑩，百世以俟圣人而不惑⑪。质诸鬼神而无疑，知天也；百世以俟圣人而不惑，知人也。是故，君子动而世为天下道，行而世为天下法，言而世为天下则；远之则有望，近之则不厌⑫。《诗》曰⑬："在彼无恶⑭"，在此

【译 文】

作为帝王统治天下有三项重要的事情（就是前一章说的仪礼、制度、考文），如能做到，就会减少过失了。前代帝王虽然做得很好，但已无可考，无可考就不能令人信服，不能令人信服，民众就不会听从。在下位的（如孔子）虽然做得很好，但没有尊贵的地位，没有尊贵的地位，就不能令人信服，不能令人信服，民众就不会听从。所以，在位君子的办法是：根据自己的想法，到民众那里去验证，再考证夏、商、周三代帝王而没有错误，建立于天地之间而不违背天地之理，（用占卜等办法）去问鬼神而无可疑之象，后世有圣人起来也不会有不同意的。去问鬼神而无可疑之象，这就是知道天意了；圣人起来也不会有不同意的。这就是知道人心了。所以君子的举动世代都为天下人所遵从，行为世代都为天下人所效法，言语世代都为天下人所奉行。远离他（君子）就会有所仰慕，接近他也不会感到厌烦。《诗经·周颂·振鹭》说："在那里没有人憎

无射^⑮；庶几夙夜^⑯，以永终誉^⑰。"君子未有不如此^⑱，而蚤^⑲有誉于天下者也。

恶他，在这里没有人厌烦他。他日日夜夜都在努力，以永远保持其美誉。"在位的君子如能做到这些，一定会很早就在天下获得美誉。

注 释

❶王天下有三重：作为帝王统治天下，有三项重要的事情。王（wàng），动词，称王。三重（zhòng），即仪礼、制度、考文。

❷上焉者：上，这里是就时间说，指前代（如夏、商）帝王。

❸虽善无征：虽然做得很好，但已无可考。

❹下焉者：下，这里是就地位说，指在下位。

❺虽善不尊：虽然做得很好，但没有尊贵的地位，如孔子。

❻君子之道，本诸身：在位的君子的办法是根据自己的想法。君子，这里指在位的君子，即帝王。

❼征诸庶民：到民众那里去验证。

❽不缪（miù）：没有错误。缪，通"谬"。

❾建诸天地而不悖：建立于天地之间，而不违背天地之理。

❿质诸鬼神而无疑：（用占卜等手段）去问鬼神，而无可疑之象。

⓫百世以俟圣人而不惑：后世有圣人起来也不会有不同意的。

⓬远之则有望，近之则不厌：远离他（君子）就会有所仰慕，接近他也不会有所厌烦。

⓭《诗》曰：指《诗经·周颂·振鹭》。是一首赞扬宾客的诗，共八句。

⓮在彼无恶：在那里，没有人憎恶他（即"远之则有望"）。

⓯在此无射（yì）：在这没有人厌烦他（即"近之则不厌"）。射，厌烦，《诗经》作"致"。

⓰庶几夙夜：日日夜夜都在努力。夙（sù）夜，早晚。

⓱以永终誉：来永远保持其美誉。

⑱此：指"本诸身"以下六件事。

⑲蚤：即"早"。

说 解

第二十七、二十八、二十九三章都是谈"人道"。

本章是接着二十七章谈"居上不骄"。认为统治天下的帝王把仪礼、制度、考文三件重要的事情做好了，就可以减少过失。怎样才能把这三件事做好呢？前提是既要有德，又要有位（和前一章一样）。有位者要把这三件事做好，就要"本诸身，征诸庶民，考诸三王而不缪，建诸天地而不悖，质诸鬼神而无疑，百世以俟圣人而不惑"。总的说来，就是要"知天""知人"。重要的是为政者要"本诸身"。"道"不是外在的，是内在于人心。如能以诚心反求诸己，道德心即可呈现，"施诸己而不愿，亦勿施于人"的忠恕之道即可呈现。

自己的想法民众是否接受？所以还要"征诸庶民"。因为无论是仪礼，还是制度或考文，最后都要落在庶民身上。如果庶民反对，三件事也难做到。不过，人同此心，心同此理，只要自己的想法出自良知，而无私心杂念，民众自会接受。庶民有意见，你也会虚心接受，不致强迫庶民就范。当然，想把三件重要的事情做好，少犯错误，还要进一步"知天""知人"。这样，你的主张就会站得住，行得通。"君子动而世为天下道，行而世为天下法，言而世为天下则。"这样，你的高尚品德就会受到人们所仰慕，而且很快将誉满天下。

三十

仲尼祖述尧舜

【原 文】

仲尼祖述①尧舜，宪章②文武；上律天时，下袭水土③。辟④如天地之无不持载，无不覆帱⑤；辟如四时之错行，如日月之代明⑥。万物并育而不相害⑦，道并行而不相悖⑧。小德川流，大德敦化⑨。此天地之所以为大也。

【译 文】

孔子师法尧舜，而对他们的德行加以述说，取法于周文王、武王，而对他们的德行加以阐明；上取法于天道，下取法于地道。如同天地一样，无所不载，无所不覆；如同春、夏、秋、冬四季的交错运行，如同日月的交替放光明。天覆地载，万物都得以同时生长其间而不相侵害；四时错行，日月代明而不互相违背。小德行川流不息，大德行在努力地化育万物，这就是天地之所以伟大的原因。

注 释

❶祖述：师法前人，加以陈说。

❷宪章：取法。宪，效法。章，显、表白。

❸上律天时，下袭水土：上，取法于天道；下，取法于地道。袭，因袭，也是取法的意思。

❹辟：通"譬"，比喻。

❺覆帱（dào）：覆盖。帱，覆盖。

❻代明：交替地放光明。

❼万物并育而不相害：朱熹注："天覆地载，万物并育（一齐生长发育）于其间而不相害。"害，妨害、侵害。

❽道并行而不相悖：朱熹注："四时日月，错行代明而不相悖。"悖（bèi），违背、相反。

❾小德川流，大德敦化：小德行如江河，川流不息，大德行在努力地化育万物。

说 解

本章是赞扬孔子德行的伟大，其德行可配天地。全章可分三部分。

第一部分首先是赞扬孔子"祖述尧舜，宪章文武"。这在《论语》和《中庸》中都有表述。特别是《论语》，在《泰伯》连续用了四章来赞扬古代圣王。

对文武之道，孔子是认真学习的。孔子在卫国时，卫国大夫公孙朝问子贡："仲尼的学问是从哪里学来的？"子贡回答说："文武之道未坠于地，在人。贤者识其大者，不贤者识其小者，莫不有文武之道焉。夫子焉不学？"（《论语·子张》第二十二章）当鲁哀公向孔子问政时，孔子回答说："文武之政，布在方策。"（《中庸》第二十章）孔子向前代圣王学习的是"唯天为大，唯尧则之"和坚持中庸之道的精神。所以，孔子做到了"上律天时，下袭水土"，即孔子之德合于天地之道。

第二部分是用比喻来赞扬孔子之德。"辟如天地之无不持载，无不覆帱"，是赞扬孔子的德行与天地一样，博厚而高明。"辟如四时之错行，如日月之代明"，是赞扬孔子的所有举措皆无不宜，圣人有"时中"之德。

最后一部分，对孔子的德行作了极高的评价，说："此天地之所以为大也。"孔子德行之崇高、伟大，可配天地。"万物并育而不相害，道并行而不相悖。小德川流，大德敦化。此天地之所以为大也。"朱熹对最后这一部分作了细致的解说："天覆地载，万物并育于其间而不相害。四时日月，错行代明而不相悖。所以不害不悖者，小德之川流；所以并育并行者，大德之敦化。小德者，全体之分；大德者，万殊之本。川流者，如川之流，脉络分明而往不息也。敦化者，敦厚其化，根本盛大而出无穷也。此言天地之道，以见上文取辟之意也。"

三十一

唯天下至圣

【原文】

　　唯天下至圣，为能聪明睿知①，足以有临②也；宽裕温柔，足以有容③也；发强刚毅④，足以有执⑤也；齐庄中正⑥，足以有敬也；文理密察⑦，足以有别也。溥博渊泉，而时出之⑧，溥博如天，渊泉如渊。见⑨而民莫不敬，言而民莫不信，行而民莫不说⑩。是以声名洋溢⑪乎中国，施及蛮貊⑫，舟车所至，人力所通，天之所覆，地之所载，日月所照，霜露所队⑬，凡有血气者，莫不尊亲⑭，故曰配天⑮。

【译文】

　　只有天下最圣明的人，才能够聪明、通达、明智，足以君临天下；宽容大度，温柔和顺，足以包容一切；奋发坚强，刚健果敢，足以主持正义；整洁庄严，无所偏倚，足以恭敬待人；文章有文采，有条理，细密而明察，足以明辨是非。圣人之心广大深远，随时表现其德行，而成教化。圣人之心的广大，就像天一样；圣人之心的深远，就像深渊一样（难以测知）。表现出来，民众没有不尊敬的；说出来，民众没有不信服的；做起来，民众没有不高兴的。所以其声誉在中国（国家的中心地区）广泛传播，而且传扬到边远的蛮貊之地。凡是车船所到的地方，人迹所通行的地方，天所覆盖的地方，地所承载的地方，日月所照耀的地方，霜露所落下的地方，凡是有血气的人，没有不尊敬他、亲近他的。所以说，圣人之德可与天相匹配。

注 释

❶睿知：通达明智。睿（ruì），通达、明智。知，同"智"。

❷临：统管，治理。有临：即以上临下，统率百姓。

❸有容：圣人性格宽裕温柔，能容物（小人心胸狭隘，不能容物）。

❹发强刚毅：奋发坚强，刚健果敢。

❺足以有执：足以主持正义。有执，拿得起来放得下。

❻齐庄中正：整洁庄严，无所偏倚。齐，同"斋"。

❼文理密察：言圣人的文章有文采，有条理，细密而明察，足以明辨是非。朱熹注："文，文章也；理，条理也；密，详细也；察，明辨也。"

❽溥博渊泉，而时出之：圣人之心广大深远，随时表现其德行，而成教化。

❾见：即"现"。

❿说：即"悦"。

⓫洋溢：充满，广泛传播。

⓬施及蛮貊（mò）：传扬到边远的蛮貊之地。蛮貊，指边远的少数民族。

⓭队：即"坠"。

⓮凡有血气者，莫不尊亲：凡是有血气的人，没有不尊敬他、亲近他的（全都尊敬他、亲近他）。

⓯配天：（其德）与天相匹配。

说 解

本章是接着前一章赞扬圣人之德可与天道相匹配。上一章是赞扬圣人的大德，以说明圣人之所以为圣人，并证明天地之所以为天地。本章言圣人之德，是具体的就其德行内容说的，是说"小德川流"。小德来自大德。大德是"体"，小德是"用"。小德是从圣人的渊深清明的内心自然流出来的，像清澈的河水一样，不停地流淌。

圣人聪明睿智是表明圣人是生而知之，其智慧无人能比，足以君临天下。

以下四句，朱熹作注说："其下四者，乃仁义礼知之德。"就是说，"宽裕温柔，足以有容"是仁；"发强刚毅，足以有执"是义；"齐庄中正，足以有敬"是礼；"文理密察，足以有别"是知。而这些美德，都是从圣人的"溥博如天，渊泉如渊"的本心中自然流出来的。在这里我不禁想起了孔子自述的自己精神境界提升的过程："吾十有五而志于学，三十而立，四十而不惑，五十而知天命，六十而耳顺，七十而从心所欲不逾矩。""三十而立"之后，做到了"齐庄中正，足以有敬"；"四十而不惑"之后，做到了"文理密察，足以有别"；"五十而知天命"之后，做到了"发强刚毅，足以有执"；"六十而耳顺"之后，做到了"宽裕温柔，足以有容（好赖话都能听进去）"；"七十而从心所欲不逾矩"表明其大德的圆满，足以配天地了。圣人的仁义礼知之德的表现是"小德川流"，是"用"，而圣人与天道相通的"上律天时，下袭水土"是"大德敦化"，是"体"。因为有深广之"体"，自然发出了中节之"用"。

圣人的德行既然如此深广，对外界的人与物的感化，自然会有无穷的力量。人们在圣人的感化下，而充分发扬其"明德"，对圣人无比尊敬和亲爱。圣人的生命，像春天的阳光，像及时雨一样，照耀滋润万物，使一切人都欢欣鼓舞。所以，圣人的德化普及于一切人，声名广泛地播于全国，而且传扬于边远未开化的蛮貊之地，就像天道惠及万物一样。所以，圣人之德，可以与天道匹配。通过对圣人之德的赞颂，可以加深我们对"与天地参"的意义的理解。

三十二

唯天下至诚

【原文】

唯天下至诚，为能经纶①天下之大经②，立天下之大本③，知天地之化育。夫焉有所倚④？肫肫其仁⑤，渊渊其渊⑥，浩浩其天⑦。苟不固聪明圣知⑧达天德者，其孰能知之？

【译文】

只有天下至诚之人，才能够治理天下的人伦纲常，树立天下的大本，了解天地的变化繁育之理。他哪里有别的依靠呢！只是他的仁心诚厚笃实，他的智慧深得像深渊一样，他的心胸广大得像天一样，浩瀚无垠。如果不是本来就有聪明圣智通于天德的人，有谁能够懂得这些呢？

注释

❶经纶：治理。

❷大经：人伦纲常。又有人以为是治天下国家的九经（见第二十章）。

❸大本：即首章的"中也者，天下之大本"，指天命之性。"立天下之大本"就是彰显性与天道的意义。

❹焉有所倚：哪里有别的依靠呢？

❺肫肫其仁：他的仁心诚恳笃实。

❻渊渊其渊：深得像深渊一样。

❼浩浩其天：广大得像天一样。

❽知：同"智"。

说 解

本章是在前一章（第三十一章）讲述至圣之德之后，谈至诚之道。圣人是以中庸之道治理天下的伦理纲常，立定人事的根本。这个"立"字不是本无今有"创立"的意思，是"彰显"的意思。因为"大本"是本来就有的，人们是在不知不觉中按着大本去行事的。是圣人，以其聪明睿智、至诚之心，把人伦纲常彰显出来，使人的生活有所遵循。

"知天地之化育"的"知"，也不是认知的"知"，应该是"主宰"的意思。如果只是"知道""天地之化育"，那圣人与常人又有什么区别呢？圣人是"主宰"着"天地之化育"的。在第二十七章就曾赞颂圣人："大哉！圣人之道！洋洋乎，发育万物，峻极于天。"

圣人能够发扬其大德："经纶天下之大经，立天下之大本，知天地之化育。"圣人有如此伟大的成就，是否有所依靠呢？《中庸》说："夫焉有所倚？"圣人没有外在的依靠，圣人就是凭着本身的至诚之德。《中庸》的作者对于至诚的圣人，作了一个生动美妙的描绘："肫肫其仁，渊渊其渊，浩浩其天。""肫肫"是诚恳笃实的样子。至诚之人有诚意，有"肫肫"的样子，其心胸自有如渊的深度，而且有深度才可有广度。如此，天下至诚者的生命，外表看来既是诚恳笃实，又有渊一样的深度，有像天一样的浩瀚无垠的广度。生命如此诚笃深广，自然可与天打成一片，浑然无间了。如果生命不能保持聪明睿智，而能够上达天德，又岂能与天打成一片，从而主宰天道化育？

"苟不固聪明圣知达天德者，其孰能知之？"最后这个"之"是指什么？朱熹引东汉郑玄的解释是："郑氏曰：'惟圣人能知圣人也。'"但在后面概括本章主旨时他又说："至诚之道，非至圣不能知。"两相比较，还是指"至诚之道"符合本义。只有践德成圣的人才能知天，知至诚之道。人很容易把天地生物看成是一种自然现象，而不能看到其中有不息不已、真实无妄的诚体生道在创生着。所以，本章最后说："苟不固聪明圣知达天德者，其孰能知之？"

三十三

衣锦尚䌹

本章内容较长，所以分成三节说解。

【原 文】

《诗》曰①："衣锦尚䌹②。"恶其文之著也③。故君子之道，暗然而日章④；小人之道，的然而日亡⑤。君子之道，淡而不厌⑥，简而文⑦，温而理⑧。知远之近，知风之自，知微之显⑨，可与入德矣。

【译 文】

《诗经》上说："穿锦衣时外加罩衫。"是不想让文采显露太甚。所以，君子之道，不显露却一天比一天彰明；小人之道，显露却一天一天走向消亡。君子之道，平淡而不使人厌烦，简朴而有文采，温和而又有条理。一个人知道去远处是从近处开始，知道风是从何处而来，知道心里的细微之处也要显露于外，就可以同他进入道德境界了。

注 释

❶《诗》曰：《诗经》中没有"衣锦尚䌹"这句诗，有人说是逸诗。但《卫风·硕人》中有"衣锦褧（jiǒng）衣"，"褧"同"䌹"。可能是传写中出现的错误，把"衣"写成"尚"，意思是一样的。褧，麻布单衣。

❷衣锦尚䌹（jiǒng）：穿锦衣时，外加罩衫。䌹，单衣。

❸恶其文之著也：不想让文采显露太甚。

❹暗然而日章：不显露却一天比一天彰明。暗（àn）然，昏暗。

❺的然而日亡：显露却一天一天走向消亡。的然，明亮。

❻淡而不厌：平淡而不使人厌烦。

❼简而文：简朴而有文采。

❽温而理：温和而又有条理。

❾"知远之近"三句：知道去远处是从近处开始，知道风是从何处而来，知道心里的细微之处也要显露于外。这三句不像其他排句，句法并不一样，"之"字的讲法有差异。朱熹作注说："远之近，见于彼者由于此也；风之自，著乎外者本乎内也；微之显，有诸内者形诸外也。""远之近"的"之"是动词，往也。"风之自"和"微之显"的"之"是连词，联结主语和谓语，使主谓结构转变为定中关系的名词性词组，作了"知"的宾语。

说 解

前篇的最后，朱熹总结说："此篇言圣人天道之极致，至此而无以加矣。"既然圣人、天道之理已说尽，这全书的最后一篇又说些什么呢？应该是重中之重吧？朱熹说："此复自下学立心之始言之，而下文又推之以至其极也。"意思是：本篇是谈学习的，本篇告诉我们在开始学习圣人和天道真理的时候，首先要立定正确的思想，即找好"立足点"。《中庸》告诉我们应该怎样学习呢？是熟读、背诵、讲解？这些都是必要的，但不是最重要的。最重要的是要有反躬内省、慎独、守约的功夫。只有反躬内省、慎独、守约，澄清一己之生命，才能上达高明，而知圣知天。反躬内省、慎独、守约是儒家的真功夫。在孔门弟子中，曾参做得最好。他的"吾日三省吾身"给我们做出了反躬内省、慎独、守约的榜样。所以，他继承了孔子的思想，其他著名弟子就略逊一筹。

本节的"衣锦尚纲"诗句，在《诗经·卫风·硕人》里是赞美卫庄公的夫人庄姜的美丽的，说"硕人其颀，衣锦褧衣"（那美人呀高高个儿，绉纱的外衣披在锦衣上），《中庸》引用它，是表明君子之德的。君子不让自己的才德显露于外，君子的进德修业都是为了充实和完善自己。这就是孔子提倡的"为己之学"。孔子说："古之学者为己，今之学者为人。"（《论语·宪问》第二十四章）"为己之学"是关于学习的指导思想。这里的"为己"，不是为了个人私利，是为了充实和完善自己。而今之学者"为人"也不是为他人着想的意思，是说学习是为了修饰自己，以便向别人炫耀。《论语》中许多章节都贯穿着"为己之学"的思想。如提倡"人不知而不愠"（《学而》第一章）、"不患人之不己知"（《学而》第十六章、《宪问》第三十章）等。朱熹为"为己之学"作注说："圣贤论学者用心得失之际，其说多矣，然未有如此言之切而要者。"（《论语集注》）

君子从不炫耀自己，所以其德行初看起来是黯然无光彩的，但"诚于中"虽然不想显露，也必然要"形于外"。君子为学不是独善其身，他看到社会、国家有自己应该做的事，绝不会袖手旁观，他会尽力去做的。他的言行会成为人们的榜样。这样，君子不想显露其才德，也必然要显露于外的。小人不注意实学，即使学了，也是为了装潢门面。这样，学得越多，恐怕越骄傲自满，目中无人。所以《中庸》赞美君子："君子之道，淡而不厌，简而文，温而理。"一个人想"入德"，必须懂得"知远之近，知风之自，知微之显"，也就是要从人们不容易发现的细微处用心。所以，下文接着谈"君子慎独"。

【原文】

《诗》云①："潜虽伏矣，亦孔之昭②。"故君子内省不疚③，无恶于志④。君子之所不可及者，其唯人之所不见乎！

《诗》云⑤："相在尔室，尚不愧于屋漏⑥。"故君子不动而敬，不言而信。

【译文】

《诗经·小雅·正月》说："它虽然潜伏在水底，仍是十分明显。"所以君子内心反省，也不会感到愧疚，也不会厌弃自己的志向。君子之所以没有人能赶得上，就是在人看不到的地方能够谨慎小心。

《诗经·大雅·抑》说："看你独自在屋内，虽然在屋里的最暗处，也仍然无愧于心。"所以君子不去干什么，也能受到尊敬；不用说什么，也能令人信服。

注 释

❶诗云：指《诗经·小雅·正月》。这是一首诗人忧国忧民愤恨小人当道的诗。

❷潜虽伏矣，亦孔之昭：它虽潜伏在水底，仍是十分明显。孔，很、甚。

❸内省不疚：内心反省而不会感到愧疚。疚（jiù），内心痛苦。

❹无恶于志：没有厌弃自己的志向。

❺《诗》云：指《诗经·大雅·抑》。这是一首大臣自警之诗。该诗强调了自我修养，认为大臣应该表里如一，仪表可法，执法谨慎，说话小心，独处不愧，对人有礼。也表露了对当时政治和在位小人的不满；指出不听善言，就有亡国之忧。

❻相在尔室，尚不愧于屋漏：看你独自在屋内，虽然在屋的最暗处，也仍然无愧于心。相，看。屋漏，屋内的西北角，最暗的地方。

说 解

本节是接续上一节谈"莫见乎隐，莫显乎微"。

一个人的内心世界，虽然埋藏得很深很深，就像鱼儿潜伏在水底一样，但仍是要表现于外，而会被人发现。所以，君子必须做到内心自我反省，无愧于心，自己所立之志也不动摇。这就需要在慎独上下功夫。君子之所以能超越众人，就是在别人看不见的地方，能够严格要求自己。儒家的功夫与其他宗教不同，就在于反求诸己，慎独守约。曾参的"吾日三省吾身"，给我们做出了榜样。曾参本是孔子的晚期弟子，他所以能够深刻理解孔子的思想，继承孔子的学说，就在于他能够反求诸己，守约慎独。

本节引用《诗经·大雅·抑》，是说君子无时无地不在戒慎恐惧（不是胆小怕事，而是担心背离中庸之道，应该付出生命时，君子会勇敢地付出生命）。君子能"不动而敬，不言而信"，就表明他的功夫之深。所以，下面又引诗说慎独之效。

【原 文】

《诗》曰①："奏假无言,时靡有争②。"是故君子不赏而民劝③,不怒而民威于铁钺④。

《诗》曰⑤："不显惟德,百辟其刑之⑥。"是故君子笃恭而天下平⑦。

《诗》云⑧："予怀明德,不大声以色⑨。"子曰:"声色之于以化民,末也⑩。"《诗》曰⑪:"德辅如毛⑫。"毛犹有伦⑬。"上天之载,无声无臭⑭。"至矣⑮。

【译 文】

《诗经·商颂·烈祖》说:"如果能进至无言的境界,则别人自然为其所化而不争。"所以君子不用奖赏,民众就自觉努力;不用动怒,民众就畏惧你的威风,比畏惧刀斧还厉害。

《诗经·周颂·烈文》说:"周王的崇高的德行充分显露,各方诸侯都去效法他。"所以君子只要诚笃恭敬,天下就自然太平。

《诗经·大雅·皇矣》说:"我怀念先王圣明的德行,他从不疾言厉色。"孔子说:"疾言厉色对于感化民众属于细枝末节,并不重要。"《诗经·大雅·烝民》说:"德行轻如鸿毛。"鸿毛还有可类比的东西,有形有象,而"上天化育万物,没有声响,没有气味"。这两句诗是对天、地、圣人的德行形容得最好的,无以复加了。

注 释

❶《诗》曰:《诗经·商颂·烈祖》,是祭商的始祖成汤的诗。

❷奏假无言,时靡有争:如果能进至无言的境界,则别人自然为其所化而不争。奏,进、假,即"格",至也。

❸劝:勉力,向善。

❹铁钺:刀斧。铁(fū),斧子。钺(yuè),古代兵器,状如大斧。

❺《诗》曰:《诗经·周颂·烈文》,是献给助祭诸侯的乐歌。周天子大祭时,各国诸侯要来助祭。诗的最后几句是勉励周王的。

❻不显惟德,百辟其刑之:(周王的)崇高的德行充分显露,各方诸侯都去

效法他。不显，即"丕显"，大显。辟（bì），天子、诸侯君主的通称，这里指诸侯。百辟即各方诸侯。刑，即"型"，效法，以他为模范。

❼君子笃恭而天下平：君子只要诚笃恭敬，天下就自然太平。这里的"君子"指在位的国君。一国的国君既有位又有德，政治自会清明稳定，天下也就太平了。

❽《诗》云：《诗经·大雅·皇矣》，是描写周朝兴起的诗，主要是歌颂了王季和文王之德。

❾予怀明德，不大声以色：我怀念先王圣明的德行，从不疾言厉色。

❿末也：末节，并不重要。

⓫《诗》曰：《诗经·大雅·烝民》。是赞美仲山甫的诗。仲山甫（有的书作仲山父）是鲁献公（春秋前第七代鲁君）的次子，周宣王时为周卿士，封樊侯。《大雅·烝民》中有"保兹天子，生仲山甫"的句子。

⓬德辐如毛：德行轻如鸿毛。辐（yóu）：是一种轻车，这里是"轻"的意思。《烝民》第六节说："人亦有言，德辐如毛。"但是轻如鸿毛的德行，人们却很少能举起它（"民鲜克举之"），只有仲山甫能举起它（"维仲山甫举之"）。

⓭毛犹有伦：鸿毛还有可类比的东西，即鸿毛还是有形象的。

⓮上天之载，无声无臭：这两句诗出自《诗经·大雅·文王》，意思是：上天化育了万物，没有声响，没有气味。

⓯至矣：是说上面引用的《大雅·文王》的诗句，是对天、地、圣人的德行形容得最好的。

说　解

君子在别人看不见只有自己一个人的时候，能够严格要求自己，必然要产生社会效果。有内省慎独功夫的君子，用不着为教育民众而操心费力，他的人格的力量，能够"不动而敬，不言而信"，人们自然会受其感化。君子愈真诚，其感化人的效果愈大，所以"不赏而民劝，不怒而民威于铁钺"。

这里的君子是指在位的国君说的。一国的国君既有位又有德，政治自会清明稳定，天下也就太平了。一个领导者，摆事实，讲道理，大声疾呼，要求群众如何如何，效果并不一定好。重要的是领导者要提高自己的品德修养，就是要"修身"，修身的关键是必须"内省慎独"。不能表面一套，背后一套。一个领导者做到了表里如一，在别人看不见的地方能够严格要求自己，才能"齐家、治国、平天下"。人的内省慎独，同于天之德。天在化育着万物，其德大矣，高矣，却在"无声无臭"中。所以本章最后说："上天之载，无声无臭。"这也是全书的结语，其中渗透着一个"诚"字。

前几章是阐述圣德与天道，给人们树立了榜样。本章是告诉人们怎样下学立心，那就是内省慎独。内省慎独是儒家的基本功夫，离开了内省慎独，人的德行将是表面文章。为什么有些先进人物不能持久，就是因为他们缺乏内省慎独的功夫。本章对内省慎独深入阐述之后，指出其妙处："上天之载，无声无臭。"本书第一章就说："道也者，不可须臾离也；可离，非道也。是故，君子戒慎乎其所不睹，恐惧乎其所不闻。莫见乎隐，莫显乎微，故君子慎其独也。"本章是最后一章，很好地回应了第一章的义旨。

朱熹在本章（也是全书）的最后作注说："子思因前章极致之言，反求其本，复自下学为己谨独之事，推而言之，以驯致乎笃恭而天下平之盛。又赞其妙至于无声无臭而后已焉。盖举一篇之要而约言之，其反复丁宁示人之意，至深切矣！学者其可不尽心乎？"

.